国家出版基金项目
NATIONAL PUBLICATION FOUNDATION

G7C 高校主题出版
GAOXIAO ZHUTI CHUBAN

"一带一路"系列丛书

"一带一路"
国别概览

阿尔巴尼亚

李向阳　总主编

邱强　编著　　田长春　审定

大连海事大学出版社

ⓒ 邱强　2019

图书在版编目(CIP)数据

阿尔巴尼亚 / 邱强编著. — 大连：大连海事大学
出版社，2019.11
　　("一带一路"国别概览 / 李向阳总主编)
　　国家出版基金项目
　　ISBN 978-7-5632-3862-0

　　Ⅰ.①阿… Ⅱ.①邱… Ⅲ.①阿尔巴尼亚–概况
Ⅳ.①K954.1

中国版本图书馆CIP数据核字(2019)第228717号

大连海事大学出版社出版

地址：大连市凌海路1号　邮编：116026　电话：0411-84728394　传真：0411-84727996
http://press.dlmu.edu.cn　E-mail:dmupress@dlmu.edu.cn

大连海大印刷有限公司印装　　　　　　　　　　　　大连海事大学出版社发行

2019年11月第1版　　　　　　　　　　　　　　　2019年11月第1次印刷
幅面尺寸：155 mm×235 mm　　　　　　　　　　　　　印数：1～3000册
印张：9.75　　　　　　　　　　　　　　　　　　　　字数：147千

出　版　人：余锡荣　　　　　　　　　　　　　　　项目策划：徐华东
责任编辑：陈青丽　　　　　　　　　　　　　　　　责任校对：宋彩霞
　　　　　　　　装帧设计：孟　冀　解瑶瑶　张爱妮

ISBN 978-7-5632-3862-0　　　　　　　　　　　　　　定价：49.00元

"一带一路"国别概览

丛书编委会

总序

　　2013年秋，国家主席习近平在哈萨克斯坦和印度尼西亚出访期间，先后提出共建"丝绸之路经济带"和"21世纪海上丝绸之路"的倡议，倡导共商、共建、共享理念，得到国际社会广泛关注和积极响应。"一带一路"倡议旨在积极发展与沿线国家的经济合作伙伴关系，共同打造政治互信、经济融合、文化包容的利益共同体、命运共同体和责任共同体。

　　"一带一路"倡议源自中国，更属于世界，它面向全球、陆海兼具、目的明确、路径清晰、参与方众、反响热烈。五年间，"一带一路"倡议从理念转化为行动，从愿景转变为现实，在顶层设计、政策沟通、设施联通、贸易畅通、资金融通、民心相通等方面都取得了显著的成果，为实现世界共同发展繁荣注入推动力量、增添不竭动力。目前，我国已与100多个国家和国际组织签署了共建"一带一路"合作文件。共建"一带一路"倡议及其核心理念被纳入联合国、二十国集团、亚太经合组织、上合组织等重要国际组织成果文件。

　　"一带一路"沿线国家地理地貌、风俗人情、经济发展、投资环境各不相同，极有必要对其进行系统的介绍和分析。此外，目前针对"一带一路"沿线国家的研究仍不够深入，缺少系统、整体的研究资料。大连海事大学出版社组织策划的"'一带一路'国别概览"丛书（首批65卷）适逢"一带一路"倡议提出五年后下一个阶段深入推进的需要之时，也填补了国内系统地介绍"一带一路"沿线国家国情的学术专著的空白，获得了国家出版基金项目资助，并入选教育部全国高校出版社主题出版选题。

　　"'一带一路'国别概览"丛书（首批65卷）联合中国社会科学院、北京大学、山东大学、宁夏大学、广西民族大学、上海对外经贸大学、黑龙江大学等多家高校及研究机构编写，并组织驻"一带一路"沿线65个国家的前大使对相关书稿进行审定。本套丛书不仅涵盖了各国地理、简史、政治、军事、文化、社会、外交、经济等方面的内容，突出了各国与丝绸之路或海上丝绸之路的历史渊源，力争为读者提供全景式的国情介绍，还从"一带一路"政策出发，引用实际案例详细阐述了中国与各国贸易情况及各国的投资环境，旨在为"一带一路"的推进提供强大的智力支持，加快科技成果转化，促进合作人才培养，帮助我国"走出去"的企业有效地防控风险，从而全方位地助推"一带一路"建设。

"'一带一路'国别概览"丛书（首批65卷）的顺利出版得益于大连海事大学出版社的精心策划和组织，也凝聚着百余位相关领域专家学者的心血，在此深表感谢。

国家主席习近平曾深情地说："'一带一路'建设承载着我们对美好生活的向往，将把每个国家、每个百姓的梦想凝结为共同愿望，让理想变为现实，让人民幸福安康。"我们也希望本套丛书可以为"一带一路"建设架起一座沟通的桥梁，推动"一带一路"倡议在沿线国家向更深远和平稳的方向发展。

"'一带一路'国别概览"丛书编委会

2018年6月

前言

随着"一带一路"倡议的提出，我国与"一带一路"沿线国家之间的交往日渐频繁起来。阿尔巴尼亚是中东欧十六国之一，在"一带一路"路线图中的地理位置比较重要，是连接欧洲和亚洲的重要纽带。该国在历史上曾经和我国建立了特殊的关系。在"一带一路"框架下研究阿尔巴尼亚很有必要，对于建立中国－中东欧"17+1"合作平台意义重大，借助和阿尔巴尼亚的合作，也有助于中国产品进入欧盟市场。

本书分为上、下两篇。上篇共八章，全面介绍阿尔巴尼亚国家的基本概况。第一章地理，包括地理位置、气候、地势地貌、水文、自然资源和行政区划六个方面的内容。第二章简史，按照时间顺序介绍了从公元前、异族入侵、奥斯曼土耳其统治、第一次世界大战、索古王朝统治、人民共和国成立、议会政治等七个时期的历史。第三章政治，从国家标志、宪法、政党、议会、总统、部长会议和司法机关等七个方面来介绍该国的政治体制。第四章军事，从概况、军队发展沿革、兵役制度、军衔制度、军事教育和军事合作等六个方面加以介绍。第五章文化，介绍了阿尔巴尼亚的语言文字、文学和艺术等三个方面的内容。第六章社会，介绍了阿尔巴尼亚的人口与民族、宗教、传统风俗、节假日和饮食等。第七章外交，介绍了阿尔巴尼亚的对外政策、对外关系和同中国关系等。第八章经济，先概述，然后分别从农业、工业、旅游业、交通运输业和对外贸易等该国主要的行业给予了说明。下篇为专题研究，共五章。第九章阿尔巴尼亚的经济体制改革，主要分析了阿尔巴尼亚的经济体制改革的国内外环境、改革的内容和过程、改革的效果及存在的问题。第十章阿尔巴尼亚能源发展状况及存在的问题，从阿尔巴尼亚化石能源发展状况、清洁能源发展状况、阿尔巴尼亚能源发展的主要特征和阿尔巴尼亚能源发展存在的主要问题等角度，分析对中阿能源合作的影响。第十一章阿尔巴尼亚投资环境对中阿经贸合作的影响，分析了阿尔巴尼亚投资环境及存在的问题、中阿经贸合作的现状和特征、阿尔巴尼亚投资环境对中国投资的影响。第十二章阿尔巴尼亚环境规制及对中阿经贸合作的影响，分析了阿尔巴尼亚的环境规制指数及主要特征、阿尔巴尼亚的环境法律体系和阿尔巴尼亚环境规制对中国投资的影响。第十三章阿尔巴尼亚加入欧盟及对中阿经贸合作的影响，主要分析了欧盟对中国贸易政策的调整、阿尔巴尼亚为入盟而调整的对外贸易政策、阿尔巴尼亚入盟对中阿两国经贸合作的有利影响及不利影响。第十四章新时期中阿经济合作形式和合作前景的展望，主要分析了中阿经济合作形式、阿尔巴尼亚具有吸引中国投资的资源环境、中国企业在阿投资前景展望、中阿贸易合作的机遇与挑战、中阿贸易合作的前景展望。

　　本书书稿形成过程中，我的学生参与查找了相关资料和撰写部分书稿，在此表示感谢。其中王钊栩参加了第二章、第三章、第五章和第六章社会资料的收集和初稿的撰写工作，熊丹参加了上述章节的资料补充和修改工作；林洁参加了第九章的资料收集和初稿撰写工作；刘晓参加了第十章的资料收集和初稿撰写；俞冬生参加了第十一章部分的资料收集工作及第十三章的资料收集和初稿的撰写。此外，也感谢上海对外经贸大学中东欧研究中心的组织和协调。感谢大连海事大学出版社为本书的出版做出的努力。

　　由于资料和编著者的水平有限，本书难免有不当之处，恳请同行专家和广大读者朋友批评指正。

编　者

2018年6月

目录

上

篇

第一章 地理

第一节 地理位置

　　阿尔巴尼亚如同一颗橄榄竖立在巴尔干半岛西部。阿尔巴尼亚人民勇敢和刚毅，如山鹰般的坚强，故他们将本国自称为"什奇普利亚"，意为"山鹰之国"。

　　阿尔巴尼亚国家面积较小，总面积仅为28 748平方千米，外形呈长条形，南北长东西宽。南北最大跨度多达340千米，东西最大宽度仅为150千米。阿尔巴尼亚海岸线很长，整个西部都濒临海洋，从南往北依次为奥特朗托海峡和亚得里亚海，海岸线长达472千米。阿尔巴尼亚和多国相邻，西北和东北分别与黑山和塞尔维亚相邻，东部与北马其顿相邻，南部与希腊接壤，西部隔奥特朗托海峡与意大利相望。阿尔巴尼亚地理位置十分重要，是亚得里亚海通往巴尔干半岛中部地区的必经之路，素有"巴尔干半岛上亚得里亚海的门户"之称。

第二节 气候

　　阿尔巴尼亚位于温带气候区的南部，属亚热带地中海气候。但受地形和地理位置、大气环流以及海洋等因素的影响，其全国各地的气候差别很大。

❧ 一、气温

阿尔巴尼亚12月、1月和2月为冬季，最冷的月份为1月。1月平均气温为1~8 ℃，其中西部沿海地区平均气温为7.5~10 ℃，东部地区平均气温为-2~2 ℃。即使在冬季，海拔800米以下的地区的平均气温也多在0 ℃以上。6月、7月和8月为夏季，最热的月份是7月。7月的平均气温一般为24~27 ℃。在夏季，海拔1 000米的沿海地区，平均气温在23 ℃以上；而在内地，夏季的平均气温也不低于18 ℃。

❧ 二、降水量

阿尔巴尼亚的降水量充沛，年均降水量为1 300毫米，是欧洲降水量最多的地区之一。但全国降水量时空分布不均。从季节上看，秋冬降水量大，夏季降水量小。秋冬季节降水量达到全年的60%以上。夏季降水量最少，仅占全年的2.5%~13.5%。从月份上看，降水量最大的月份是10月和11月。最干旱的月份是7、8月。从区域上看，降水量最大的地区是阿尔卑斯山、伊奥尼亚海高海岸区，自西向东逐渐减少。

第三节　　地势地貌

阿尔巴尼亚是一个多山的国家，地形以山地、丘陵为主，平原为辅。境内山地、丘陵约占国土总面积的77%，平原仅为23%。

阿尔巴尼亚地势呈东高西低，东部山地系迪纳拉山脉的南延部分，多呈西北—东南走势，由石灰岩为主的多种岩石组成，一般海拔平均在1 000~2 000米。阿尔巴尼亚海拔在2 000米以上的山峰有很多，包括北部的鲁帕峰，海拔为2 269米，耶泽尔察山，海拔为2 694米；东部的科拉比山是阿尔巴尼亚最高峰，海拔为2 764米，泽泽峰，海拔为2 257米，瓦拉马拉峰，海拔为2 373米；南部的丘卡佩齐峰，海拔为2 523米，帕平古峰，海拔为2 485米和中部的游击队峰，海拔为2 416米，肯德维察峰，海拔为2 122米。中部为丘陵，多河谷盆地。西部沿海为平原，间有低丘。

第四节　水文

一、河流

阿尔巴尼亚的河流大多数发源于东部山区，向西流入亚得里亚海。阿尔巴尼亚河流因受地势的限制，河流都很短，又受地貌的影响，大都穿行于深山峡谷之中，水流湍急，不便通航。

阿尔巴尼亚河流众多，主要的河流从北往南依次为德林河、马蒂河、什昆比尼河、代沃利河和维约萨河。

德林河长281千米，是阿尔巴尼亚最长的河流。它位于北部，由源于东北近邻塞尔维亚境内向南流的白德林河和东部向北流的白德林河在库克斯州州府库克斯市汇合而成。由于两河的冲刷，汇合后的德林河形成了一条长50千米、深1 000多米的陡峭河谷，奔腾的河流咆哮着向西狂奔，但在斯库台州遇到高山阻挡，在帕尔奇掉头蜿蜒南行，最终在莱什州的州府莱什市注入西部的德林湾。

马蒂河长115千米，位于阿尔巴尼亚的中北部，发源于克洛西东南部山区，从克洛西向北汇入乌尔扎湖后，折向西注入德林湾。

什昆比尼河长181千米，位于阿尔巴尼亚中部，源于南面的瓦拉马拉峰北麓和东部泽泽峰西麓众多的小河流。在利布拉什德附近接纳主要支流拉布恩河后折向西南，穿越爱尔巴桑平原，向西注入亚得里亚海。

代沃利河长184千米，位于阿尔巴尼亚中部，东部源于小普雷斯帕湖，南部源于丘卡佩齐峰的北麓，从东往西横贯科尔察州、爱尔巴桑州和费里州，在费里州与其他河汇合注入亚得里亚海。

维约萨河长238千米，是阿尔巴尼亚南部最长的河流，全国第二长的河流。其源于希腊的品都斯山脉西北的两条河流，呈东南—西北走向，斜穿吉罗卡斯特州，沿发罗拉州和费里州边境注入亚得里亚海。

阿尔巴尼亚境内其他较为著名的河流还有埃尔泽尼河（91千米）、塞曼河（252千米）、奥苏姆河（129千米）和布纳河（44千米）等。其中布纳河是阿尔巴尼亚境内唯一能通航的河流。

❧ 二、湖泊

阿尔巴尼亚群山怀抱的峡谷和盆地之间，众多湖泊星罗棋布，其总面积大约有 1 300 平方千米。其中最为著名的湖泊有 3 个，即奥赫里德湖、普雷斯帕湖和斯库台湖。

奥赫里德湖横跨北马其顿和阿尔巴尼亚两国边界，分属两国，总面积为 365 平方千米，阿尔巴尼亚只占三分之一。该湖最深处达 304 米，为巴尔干半岛第二大天然湖，也是欧洲最深的湖。整个湖南北长 30 千米，东西宽 12 千米，呈椭圆形，属山顶湖，海拔 695 米。水源主要为山泉，湖水呈深蓝色，清澈透明，水深 20 米处湖底仍清晰可见，它是欧洲少见的未受污染的淡水湖。该湖的四周群山环绕，湖光山色，风景秀丽，湖西南侧畔的城市波格拉德茨是著名的旅游观光和疗养胜地。

奥赫里德湖是古水生生物宝库，现存海绵及一些鱼类同 5 000 万年前第三纪的生物几乎一样，是欧亚大陆在冰河期前最后留存的水生生物。蜗牛亦为湖内一大特产，这里的蜗牛不仅数量繁多，多至 53 种，而且多属远古家族。

普雷斯帕湖位于奥赫里德湖的东面，两湖相隔一座大山，但彼此之间有溶洞相通，因此人们常称它们为姊妹湖。普雷斯帕湖位于阿尔巴尼亚、北马其顿和希腊三国边境，面积 285 平方千米，其中大部分属于北马其顿，阿尔巴尼亚和希腊只占小部分。湖长 23.8 千米，宽 12.8 千米，湖水平均深度 20 米，最深处达 54 米，在湖西岸。普雷斯帕湖属于高山湖泊，湖面海拔 853 米，主要由地下水和山溪水补给，湖水清澈。沿岸多山，风景优美。湖边有半岛和深而窄的小港湾，为旅游胜地，附近建有国家公园。

斯库台湖位于阿尔巴尼亚和黑山边境，面积 370 平方千米，是巴尔干半岛最大的湖泊，其大部分（约 222 平方千米）属于黑山。斯库台湖原为海边潟湖，后因地壳轻微下沉而加深。湖面海拔仅为 12 米，湖长 40 千米，宽 6.4~12 千米，最深处深度 44 米。该湖东面为阿尔巴尼亚境内的斯库台平原，由河水、沼泽及少量地下水补给，萨特河、基里河和德林河河水均能直接和间接注入。冬季水量增多时湖面可扩大 1/3 的面积。该湖的最南端距亚得里亚海仅有 12 千米，南面有布纳河将河水导入亚得里亚海。湖里盛产鱼类。从该湖经布纳河至亚得里亚海水域，水流平缓，可通航。该湖东南的斯库台城为主要的旅游城市，湖岸小村庄的古老寺庙和城堡较为著名，也是阿尔巴尼亚主要的参观景点。

第五节　　自然资源

❀ 一、植物资源

由于地形、气候、土壤的显著差异，阿尔巴尼亚拥有种类繁多的植物。据估计，其植物种类多达 3 500 种，占整个地球植物种类的 30%。按植物地理学划分，该国属于古埃及生态区的四个陆地生态区，包括伊利里亚落叶森林、巴尔干混合森林、品都斯山脉混交林和迪纳拉阿尔卑斯混交林。按地形从低到高，阿尔巴尼亚可以划分出 4 个植物带：地中海灌木林带、柞树林带、山毛榉林带和高山牧场带。地中海灌木林带分布于沿海地区和低地，柞树林带分布于高海拔地区，山毛榉林带分布于阿尔卑斯山和可拉布山脉等高山上，高山牧场带分布于海拔 1 800 米以上的高山上。其中，地中海灌木林带占全国森林面积的 27% 左右，而柞树林带则占 33%。在阿尔巴尼亚，许多植物通常可以用作药材，森林则被用于木材加工。阿尔巴尼亚丰富的植物群为其经济发展提供了重要的原料。

❀ 二、动物资源

受阿尔巴尼亚植物群的分布和地貌的影响，其国内水陆动物群具有多样性的特点。阿尔巴尼亚全国约有 58 种哺乳动物和 353 种鸟类。陆地动物分布在不同的植物带。在沿海平原和丘陵地带，以鸟类为主，包括乌鸦、白头翁、平原鹨鸪等。在常绿地中海灌木林带，则多见灰狼、红狐狸、胡狼和獾等。在柞木林区，生活着一些体型较大的动物，如野猪、狍子和棕熊等。此外，在这一地区的山岩区，还生活着许多珍贵的野生动物，如伶鼬和猞猁等。山岩区中的鸟类主要有大雁和野鸭等。在河流和湖泊中生活着许多著名的鱼类，如白斑狗鱼、淡水鲑、鲻鱼、鲱鱼、狼鲈和沙丁鱼等。

在阿尔巴尼亚发现了约91种全球受威胁的物种，其中最著名的是达尔马提亚鹈鹕、侏儒鸬鹚和欧洲海姆。南部多岩石的沿海地区为濒临灭绝的地中海僧海豹和短喙海豚提供了良好的栖息地。

❀ 三、矿物资源

阿尔巴尼亚的自然矿物中，以石油、天然气、沥青、铬、铜、镍、铁、煤的储量为多。

阿尔巴尼亚是世界上铬矿资源比较丰富的国家，其3 730万吨的储量，位于世界第七位，仅次于南非、哈萨克斯坦、津巴布韦、芬兰、印度和土耳其，在欧洲各国中居第二位。

阿尔巴尼亚的铬矿主要分布在东部沿特罗波亚—库克斯—布尔奇泽和谢贝尼克的地形带上，矿床为与超基岩有关的岩浆型矿床，富存于蛇绿岩带和橄榄岩带中。布尔奇泽、库克斯、哈斯是阿尔巴尼亚铬矿最集中的地区。

第六节　　行政区划

阿尔巴尼亚共设有1个直辖市、12个州。阿尔巴尼亚政府自2015年起开始实施新的行政区划，达到城市规模的城市数目减少至61个。规模较小的城市被划分为社区或村庄。阿尔巴尼亚全国共有2 980个社区或村庄，以前被称为地方。城市是阿尔巴尼亚地方治理的第一级行政区，便于地方政府管理和负责当地的事务。

直辖市地拉那是阿尔巴尼亚的首都、全国第一大城市，也是阿尔巴尼亚的政治、经济、文化、交通中心。据2015年的统计数据，地拉那有人口约80万。地拉那大学是阿尔巴尼亚最好的综合性大学。此外，该市还有4所公立大学及众多私立大学，市内其他科学文化设施也比较齐全，如科学院、文化宫、博物馆、国际文化中心等。斯坎德培广场、斯坎德培塑像和古清真寺属于地拉那的标志性建筑。地拉那的里纳斯机场为阿尔巴尼亚唯一的国际机场。

阿尔巴尼亚的12个州分别为斯库台、库克斯、莱什、迪伯尔、都拉斯、地拉那、爱尔巴桑、科尔察、培拉特、费里、发罗拉和吉罗卡斯特。

其各州人口变化较大，大部分州的人口都呈现下降趋势，少数州如都拉斯州和地拉那州人口增速较快，费里州、科尔察州、莱什州、斯库台州和发罗拉州等州的人口较为稳定。人口最多的州为地拉那州，这可能和其为首都所在地有关，人口最少的州为吉罗卡斯特州。面积最大的州为科尔察州，面积最小的州为都拉斯州。

斯库台州位于阿尔巴尼亚的西北角，面积为 3 562 平方千米，2016 年统计人口为 215 483 人。州府为斯库台市，是阿尔巴尼亚第二大城市，仅次于首都地拉那，位于阿尔巴尼亚西北部斯库台湖湖畔。它是阿尔巴尼亚西北部的公路枢纽，和商业中心。工业制品主要为纺织品和金属制品等轻工业产品，以及食品和烟酒等生活用品。斯库台城东的德林河上有大型水电站。该市的木刻和刺绣等工艺品比较有名。斯库台为天主教活动中心，建有大教堂、公教学院、方济各会、隐修院等教徒做礼拜和修行的场所。市区分成旧市区和新市区。旧市区以罗查费堡为中心，新市区分穆斯林居住区和基督徒居住区，新市区是18世纪新建的。斯库台建有机场和海港。

库克斯州位于阿尔巴尼亚的东北部，面积为 2 374 平方千米，2016 年统计人口为 84 035 人，州府为库克斯市。

莱什州位于阿尔巴尼亚的西北部，面积为 1 620 平方千米，2016 年统计人口为 135 613 人，州府为莱什市，位于莱什州的西部，德林河穿城而过向南注入德林湾。

迪伯尔州位于阿尔巴尼亚的东北部，面积为 2 586 平方千米，2016 年统计人口为 134 153 人，州府为佩什科比市，面积 761 平方千米。尽管迪伯尔州东邻北马其顿共和国，但居民的族群组成却比较单一，北马其顿民族占比较低，为该州的少数民族。该州约90%的居民是穆斯林，北马其顿少数民族信奉东正教。该州和北马其顿的交流频繁，因为许多人在北马其顿有亲属。迪伯尔州的人口流出量非常大。

都拉斯州位于阿尔巴尼亚的西部沿海，面积为 766 平方千米，2016 年统计人口为 278 775 人。州府为都拉斯市，是阿尔巴尼亚最大的海港，在亚得里亚海都拉斯湾北岸，临亚得里亚海，是阿尔巴尼亚的铁路枢纽。该市还是阿尔巴尼亚重要的工业中心之一，主要工业有烟草、橡胶、面粉及修船等。港口海域渔产丰富，又是全国最大的渔业中心。该市距机场约 35 千米。该市属地中海气候，冬季温和多雨，夏季炎热干燥。

地拉那州位于阿尔巴尼亚的中西部，面积为 1 652 平方千米，2016年统计人口为 811 649 人。州府为地拉那市，为阿尔巴尼亚的首都、全国第一大城市，也是阿尔巴尼亚的政治、经济、文化、交通中心。地拉那位于该州中部的伊什米河畔，西距亚得里亚海岸约 40 千米。地拉那月平均气温最高为 23 ℃，最低为 6.8 ℃。大部分居民是穆斯林。

爱尔巴桑州位于阿尔巴尼亚的中部，面积为 3 199 平方千米，2016年统计人口为 298 913 人。州府为爱尔巴桑市，位于该州的西北部，在什昆比尼河北岸，西北距地拉那 32 千米。爱尔巴桑是阿尔巴尼亚中部的交通枢纽和农林产品集散地。该市重工业比较发达，有最大的炼油厂策里克炼油厂和最大的冶金联合企业。此外，还有机械制造和水泥生产等工业。该市的轻工业也比较发达，有全国最大的木材加工企业。此外，该市还有纺织、造纸、烟草、食品加工等轻工业。

科尔察州位于阿尔巴尼亚的东南部，面积为 3 711 平方千米，2016年统计人口为 221 706 人。州府为科尔察市，位于该州的中南部，在科尔察平原东部、莫拉瓦山麓附近，邻近希腊边境，有 6 条国道穿过，为公路枢纽城市和东南部经济中心。该市为小麦、甜菜和玉米等重要的粮食集散地。该州铜冶炼和采煤业等重工业比较发达，附近的姆博列–德雷诺瓦为采煤区。该州建有纺织、皮革、制糖、玻璃、精密仪器和烟草等比较完善的轻工业体系。

培拉特州位于阿尔巴尼亚的中南部，面积为 1 798 平方千米，2016年统计人口为 139 815 人。州府为培拉特市，位于该州中北部，是阿尔巴尼亚南部古城，初建于公元前 4 世纪，为古代战略要地和现代公路枢纽城市。城北 11 千米处有飞机场。培拉特州是烟草、葡萄、甜菜等农产品的集散地。轻工业有纺织、木材加工、玻璃和制烟等。培拉特市有"博物馆城"之称，城中有保存比较完好的古城堡、教堂和清真寺等中世纪文物。

费里州位于阿尔巴尼亚的西南部沿海，面积为 1 890 平方千米，2016年统计人口为 312 448 人，州府为费里市，位于该州的中部，是交通枢纽，有三条铁路和 5 条公路经过该市。

发罗拉州位于阿尔巴尼亚的西南部沿海，面积为 2 706 平方千米，2016 年统计人口为 183 105 人，州府为发罗拉市，位于该州的西北部的海港城市，是亚得里亚海发罗拉湾的东岸。湾外有萨赞岛做屏障，港阔水深，曾为重要的军港。该州有石油炼制、化学、水泥等重工业和食品、木材、纺织等轻工业，工业体系较为齐全。发罗拉市是游览、疗养的胜地，市区有独立纪念馆和古城堡，还有海滨浴场。

吉罗卡斯特州位于阿尔巴尼亚的南部，面积为 2 884 平方千米，2016 年统计人口为 70 331 人，州府为吉罗卡斯特市，位于该州的西南部，在维约萨河支流德里诺河西岸附近。吉罗卡斯特旧城于 2005 年入选世界文化遗产名录，是保护完好的奥斯曼土耳其帝国城镇。吉罗卡斯特有公路通往发罗拉港，南部为商业中心，重工业有采煤业和机械制造，轻工业相对比较齐全，主要有木材加工、烟草加工、皮革制造、纺织和食品加工等。吉罗卡斯特市是一个历史旅游城市，市区有保存比较完好的中世纪城堡、清真寺和教堂等景观。

第二章　简史

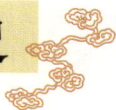

第一节　公元前时期

　　阿尔巴尼亚人是巴尔干半岛上最古老的民族之一，伊利里亚-弗拉克部落是他们的祖先。从在阿尔巴尼亚土地上发掘的考古资料来看，人类遗迹出现在石器时代。

　　公元前11世纪，阿尔巴尼亚的部落处于原始公社制度阶段。公元前9世纪，阿尔巴尼亚进入铁器时代，使用起了货币。

　　公元前7世纪，希腊人大量涌入阿尔巴尼亚，并建立了农奴制国家。公元前3世纪前后，罗马人开始与阿尔巴尼亚人激烈争夺亚得里亚海的海上霸权。公元前229年，罗马帝国大举入侵，占领了阿尔巴尼亚的阿波洛尼亚和爱庇达姆尼亚。公元前168年，罗马帝国征服了阿尔巴尼亚全境。从此，伊利里亚人受罗马帝国统治，直到公元395年，长达5个多世纪。

第二节　异族入侵时期

　　阿尔巴尼亚具有重要的战略地位，是地中海通往巴尔干半岛的门户，因此，它在历史上不断地受到异族的入侵。

　　公元395年，罗马帝国分裂为以罗马为中心的西罗马帝国和以君士坦丁堡为中心的东罗马帝国。因君士坦丁堡又称拜占庭城，所以后者也称拜占庭帝国。阿尔巴尼亚的领土则划归拜占庭帝国统治。

4 世纪时，哥特人入侵阿尔巴尼亚。7 世纪时，保加利亚人和塞尔维亚人又入侵阿尔巴尼亚。11 世纪，日耳曼人占据了阿尔巴尼亚的沿海地带。

12 世纪，约翰和普洛冈兄弟以克罗地亚为中心分别建立了两个独立公国。13—14 世纪，两公国领土之外的其余领土则被并入了伊庇鲁斯专制君主国、西西里王国、保加利亚王国的版图。

14 世纪中叶，塞尔维亚人侵占了阿尔巴尼亚。1355 年，阿尔巴尼亚出现了封建割据局面。之后阿尔巴尼亚又被威尼斯共和国统治数年。

第三节　奥斯曼土耳其统治时期

奥斯曼国家于 13 世纪在小亚细亚西部形成。14 世纪 30—40 年代，奥斯曼土耳其像一把利剑刺向巴尔干半岛。15 世纪初，奥斯曼土耳其帝国打败了塞尔维亚、北马其顿和阿尔巴尼亚的联盟，占领了阿尔巴尼亚。但是，奥斯曼土耳其的统治遭到了以斯坎德培领导的阿尔巴尼亚人民的反抗。从 1443 —1468 年，斯坎德培领导的反抗奥斯曼土耳其的斗争坚持了 25 年之久。在斯坎德培逝世后，各封建主的内讧最终导致阿尔巴尼亚完全沦为奥斯曼土耳其帝国的附属国。1908 年，青年土耳其党人在奥斯曼土耳其境内发动革命，夺取了政权，这一事件再度燃起了阿尔巴尼亚人民的独立运动之火。

1911 年 4 月—8 月，阿尔巴尼亚德契奇山区爆发民族起义，由于领导起义的封建主同奥斯曼土耳其帝国统治当局谋求妥协而告失败。

1912 年 1 月，阿尔巴尼亚爱国者乘奥斯曼土耳其帝国解散议会、新议员选举之机，再次发动起义。4 月底，阿尔巴尼亚爱国者起义的旗帜在贾科瓦升起。5 月，起义波及整个科索沃地区，到了 6 月，起义已经席卷阿尔巴尼亚南部、中部和北部，发展成为全国性的总起义。7 月，起义队伍进一步扩大，一部分在奥斯曼土耳其军队中服役的阿尔巴尼亚人脱离军队，加入起义者的行列。8 月，起义者占领斯科普里、费里等城市。10 月，第一次巴尔干战争爆发。

1912 年 11 月 28 日，阿尔巴尼亚人民在伊斯梅尔·捷马利的领导下，在发罗拉升起了第一面自由独立的旗帜，成立了临时政府，这标志着奥斯曼土耳其在阿尔巴尼亚的 450 年的统治结束。12 月，英、奥、法、德、意和俄六国大使在伦敦开会，承认阿尔巴尼亚独立，但又把它置于六国控制之下。根据会议的决定，科索沃划归塞尔维亚，北伊庇鲁斯划归希腊，阿尔巴尼亚的领土被瓜分了一半。

第四节　　第一次世界大战时期

    第一次世界大战时期，阿尔巴尼亚是列强角逐的场所。塞尔维亚占领了其北部，意大利占领了吉罗卡斯特和发罗拉，希腊占领了阿尔巴尼亚的南部。其后，奥匈帝国占领了这些地方；法国占据了科尔察。

    1915 年，协约国同意大利签订了伦敦协定，重新瓜分了阿尔巴尼亚。阿尔巴尼亚中部划归意大利保护，并在战争结束后由意大利、塞尔维亚、黑山和希腊共同瓜分。此协定激起了阿尔巴尼亚人民的反抗。在阿尔巴尼亚人民的武装反抗中，塞尔维亚、希腊和法国的侵略军也被击退了。1920 年 6 月，阿尔巴尼亚人民向意大利占领军发动了总攻，意大利占领军退出发罗拉。同年 7 月，意大利政府被迫宣布放弃对阿尔巴尼亚的保护权；8 月，意大利承认阿尔巴尼亚完全独立；12 月，阿尔巴尼亚加入国际联盟，各国占领军随即撤出了阿尔巴尼亚。

第五节　　索古王朝统治时期

    1922 年，大封建主艾哈迈德·索古夺取了阿尔巴尼亚政权，1922 年至 1924 年担任总理。1924 年 6 月范·诺利发动了资产阶级民主革命，推翻了索古政权，索古逃亡到南斯拉夫王国。阿尔巴尼亚资产阶级革命成功后，成立了以范·诺利为总理的政府。政府颁布了资产阶级民主施政纲领。但由于新兴资产阶级力量薄弱，施政纲领还没有来得及实现，同年 12 月 24 日，新政府被在南斯拉夫君主政权帮助下的索古推翻。1925 年 1 月 2 日，索古宣布阿尔巴尼亚为共和国，自任政府总理，并于 3 月 1 日自任总统。1928 年，索古又把阿尔巴尼亚改为君主国，并自封为索古一世。

索古政府在国内依靠大地主对阿尔巴尼亚实行统治，对外则奉行亲意大利的外交政策。索古同意大利缔结了一系列协定，把阿尔巴尼亚的关税制定权，电信、交通的管辖权和军队的指挥权统统转让给了意大利，阿尔巴尼亚又重新处于意大利的监管之下。

1939年4月7日，墨索里尼率5万大军入侵了阿尔巴尼亚，8日占领了首都地拉那，13日便占领了全国。至此，索古王朝灭亡。

第六节　人民共和国成立时期

阿尔巴尼亚被意大利占领后，阿尔巴尼亚人民拿起武器开展了打击侵略者的游击战争。全国的抵抗运动很快发展成为争取阿尔巴尼亚自由独立的民族解放斗争。

1941年11月8日，在南斯拉夫共产党的帮助下，阿尔巴尼亚共产党在战火中成立，并发表了告人民书，号召阿尔巴尼亚人民拿起武器，同法西斯占领者进行斗争，争取自由。1942年，阿尔巴尼亚全国的游击队已发展到40多个，人数超过万人。同年，在贝萨成立了全国民族解放委员会，恩维尔·霍查担任主席。

1943年7月，在拉比诺特成立了阿尔巴尼亚人民解放军最高司令部。从此，游击活动逐渐转为正规的军事行动。1943年9月，意大利投降，但紧接着德国法西斯又入侵了阿尔巴尼亚。阿尔巴尼亚人民转为进行反抗德国法西斯的斗争。1944年5月24日，在佩尔梅特市召开了反法西斯民族解放委员会第一次代表大会，会上成立了反法西斯民族解放委员会，恩维尔·霍查担任领导人。1944年10月20日—23日，在培拉特城召开了反法西斯民族解放委员会第二次会议，将民族解放委员会改组为阿尔巴尼亚临时政府，霍查当选为部长会议主席。1944年11月17日，首都地拉那解放。11月29日，阿尔巴尼亚在共产党的领导下夺取政权，并解放全国。11月29日成为阿尔巴尼亚的国庆日。

1945年12月2日，根据新选举法举行了制宪会议。阿尔巴尼亚共产党的领袖恩维尔·霍查获胜，成为政府首脑。1946年1月11日的制宪会议正式宣布成立阿尔巴尼亚人民共和国。

　　1968年，在苏联出兵捷克斯洛伐克之后，阿尔巴尼亚退出了华沙条约组织，与苏联断绝外交关系。1976年阿尔巴尼亚修改宪法，改国名为阿尔巴尼亚社会主义人民共和国，是无产阶级专政的国家。

第七节　　议会政治时期

　　1990年12月，阿尔巴尼亚劳动党同意实行多党制。1991年3月31日，阿尔巴尼亚举行首次多党议会选举，劳动党获议会2/3多数票。1991年4月26日，阿尔巴尼亚人民议会通过《宪法要则》，决定将阿尔巴尼亚社会主义人民共和国更名为阿尔巴尼亚共和国。1991年，阿尔巴尼亚政局动荡，历经了四次政府更迭，有五位政府首脑执政。1992年3月22日，阿尔巴尼亚举行第二次多党议会选举，民主党获胜，成为执政党。

　　民主党执政后，推行政治多元化、经济私有化和社会西方化的政策。但在执政后，民主党的内部矛盾尖锐，1995年3月，民主党主席埃杜阿尔德·塞拉米被解除职务。

　　1997年年初，阿尔巴尼亚发生骚乱，起因是非法集资，结果使上百万市民蒙受损失。从1月中旬开始，阿尔巴尼亚各地民众举行示威抗议。2月28日，发罗拉、萨兰达和费里等地发生武装骚乱。3月2日，议会宣布全国处于紧急状态。总统贝里沙动用军队平息"叛乱"。联合国派遣了多国保护部队。3月9日，贝里沙同反对党签署了协议，决定60天内举行大选。在1997年6月29日—7月13日举行的大选中，以社会党为首的中左翼联盟获胜，贝里沙辞职。1997年7月，雷杰普·万达尼当选总统。

　　2009年4月1日，阿尔巴尼亚与克罗地亚同时正式加入北约。

　　2009年4月28日，阿尔巴尼亚总理贝里沙在捷克首都布拉格向欧盟轮值主席国捷克总理托波拉内克正式递交了阿尔巴尼亚加入欧盟的申请，2009年年底欧盟批准了阿尔巴尼亚的加入欧盟申请，2014年6月24日，阿尔巴尼亚正式获欧盟批准成为欧盟成员国候选国。

第三章 政治

第一节 国家标志

一、国名

阿尔巴尼亚是以民族名称命名的国家，阿尔巴尼亚族是巴尔干半岛上最古老的民族之一。传说其最早的部族名为"阿尔本"，国名为阿尔伯，阿尔巴尼亚之名即来源于此。"阿尔本"在拉丁文中意为白色。

阿尔巴尼亚人民共和国成立于1946年1月11日；1976年改称阿尔巴尼亚社会主义人民共和国；1991年改国名为阿尔巴尼亚共和国，简称阿尔巴尼亚。

二、国旗

阿尔巴尼亚的国旗为紫红色，旗中央绘有一只黑色的双头鹰。国旗上的图案最早来自15世纪反抗奥斯曼土耳其帝国入侵的领袖斯坎德培的印章。鹰被阿尔巴尼亚人民认为是民族英雄斯坎德培的象征，他领导阿尔巴尼亚人民进行了多年的反抗外族侵略的斗争。

三、国徽

阿尔巴尼亚国徽与阿尔巴尼亚国旗一样，为一只守护国土的黑色双头鹰，但外廓为镶金边的盾。鹰头上是一顶斯坎德培帽。

❧ 四、国花

阿尔巴尼亚的国花是胭脂虫栎。

❧ 五、国歌

阿尔巴尼亚的国歌是《旗之赞歌》，由阿萨德雷尼于1912作词，契普里安·波隆贝斯库作曲。歌词大意为：

团结在我们的国旗之下，
为的是共同的愿望目标，
我们对她发出神圣誓言，
忠诚宣告为了我们解放。

只要屈服就能结束战斗，
但我们生来就不是叛徒，
无畏的勇士们前仆后继，
为解放事业都视死如归。

让武器在我们手中挥舞，
我们要用它来保卫祖国，
神圣权力我们绝不放弃，
不让敌人踏入领土半步。

上天之神曾经如此预言，
无数的国家将走向灭亡，
但阿尔巴尼亚注定长存，

因为我们为她抗争不懈。

国旗国旗是神圣的象征，
在此我们向你庄严宣誓，
亲爱的祖国阿尔巴尼亚，
你的美名由我们来捍卫。

英雄留下了名誉和荣耀，
牺牲了自己为祖国捐躯，
永远也不会将他们忘怀，
英灵长埋于地下的斗士。

第二节　宪法

1913 年奥匈帝国和意大利为阿尔巴尼亚制定了第一部宪法性的组织章程。1920 年阿尔巴尼亚爱国者召开国民代表大会，制定和批准了《卢什涅章程》作为临时宪法。

1924 年阿尔巴尼亚爆发了资产阶级革命，1925 年 3 月 2 日公布了《阿尔巴尼亚共和国宪法》。1928 年 9 月《阿尔巴尼亚王国宪法》获得通过。

阿尔巴尼亚反法西斯民族解放会议于 1946 年 3 月 14 日通过了《阿尔巴尼亚人民共和国宪法》。这是阿尔巴尼亚解放后通过的第一部宪法。该部宪法规定，阿尔巴尼亚为人民共和国，主要生产资料为公有制、合作社所有制和个人所有制。人民议会是国家最高权力机关，阿尔巴尼亚政府为国家最高行政机关。最高司法机关设置高等法院和检察院。全体公民不分民族、种族和宗教信仰一律平等，都享有言论、结社、游行示威、集会和出版的自由，以及劳动、休息、受教育、通信等权利，公民年满 18 周岁享有选举和被选举的权利。1950年，阿尔巴尼亚对该宪法进行了部分修改。

1976 年 12 月 18 日，阿尔巴尼亚解放后的第二部宪法《阿尔巴尼亚社会主义人民共和国宪法》获得通过。该宪法宣布阿尔巴尼亚是社会主义民主共和国，实施无产阶级专政，其统治基础为工人阶级领导下工人阶级和合作社农民的联盟。阿尔巴尼亚劳动党是国家和社会唯一的政治领导力量；人民议会是最高的权力机关、唯一的立法机关；部长会议是最高执行和号令机关。阿尔巴尼亚最高法院和各级人民法院行使审判权，检察院是全国执法机关的监督机关。

1990 年年底，阿尔巴尼亚实施多党制，废除了《阿尔巴尼亚社会主义人民共和国宪法》。1991 年 4 月 29 日，阿尔巴尼亚议会通过《宪法要则》。

《宪法要则》起到临时宪法的作用。《宪法要则》规定阿尔巴尼亚为议会制共和国，将阿尔巴尼亚国名改为阿尔巴尼亚共和国。宣布阿尔巴尼亚为民主法治国家，实施三权分立和政治多元化，议会实施一院制，总统为国家元首。

1998 年 10 月 21 日，阿尔巴尼亚议会通过了《阿尔巴尼亚共和国宪法（草案）》，11 月 22 日，阿尔巴尼亚全民公决通过了《阿尔巴尼亚共和国宪法》，11 月 28 日阿尔巴尼亚总统签署命令，宣布新宪法的诞生。

阿尔巴尼亚新宪法规定，阿尔巴尼亚为议会制共和国，是统一和不可分割的国家；其统治是建立在自由、平等、普遍和定期的选举制度的基础上；共和国的主权属于人民，国家的独立及其领土完整、人的尊严、人的权利和自由、社会公正、多元化、民族特性、多宗教共存，阿尔巴尼亚族与少数民族共存及相互理解，是这个国家的基础；实施多党制和三权分立，经济制度以私有制和公有制并存、市场经济和经济活动自由为基础。

新宪法宣布自由是公民的神圣权利，公民拥有信仰自由、思想和言论自由、结社自由等权利。

第三节　　政党

近年来，阿尔巴尼亚政局总体稳定。2013 年 6 月，阿尔巴尼亚举行议会选举，以社会党为首的中左翼联盟上台执政，同争取一体化社会运动党等组成联合政府，社会党主席拉马出任总理。2015 年 6 月举行地方选举，在全国61个城市中，执政联盟赢得包括首都地拉那在内的45个城市，反对党联盟赢得斯库台等15个城市。

目前，阿尔巴尼亚登记注册的政党约80个。主要有：

一、社会党

社会党于1991年6月12日成立。其前身为阿尔巴尼亚劳动党，有党员11万人。社会党在政治上主张建设民主社会主义，在经济上主张实行以所有制多元化为基础的市场经济，在外交方面主张加入欧洲一体化进程，优先发展同美国的关系，并加强同巴尔干各国之间的联系。

劳动党的创始人为恩维尔·霍查，劳动党于1941年11月8日成立。1944年11月8日以后，劳动党作为当时阿尔巴尼亚唯一的政党，一直处于单独执政地位。在1991年6月召开的劳动党第十次代表大会上劳动党改名为社会党，并对党的纲领、章程做了彻底修改。把"民族、民主和社会主义的理想"作为党的思想基础。社会党在1992年3月的大选中失败，沦为在野党。1997年6月在大选中获胜再次成为执政党。1997年12月社会党在全国代表会议上指出，社会党的最终目标是建立民主制度，按照欧洲大西洋的原则和目标促进国家发展。2000年10月在地方选举中社会党又获得大多数地方政权。2001年6月，社会党召开了第五次代表大会，法托斯·纳诺任主席，格拉莫斯·鲁奇任总书记。同年6月24日，社会党在议会大选中再次获胜并继续执政。2017年6月27日，阿尔巴尼亚中央选举委员会宣布，阿执政党社会党在25日举行的全国议会选举中赢得议会半数以上席位，得以独立组阁。因社会党胜选，阿尔巴尼亚总理拉马连任。

二、民主党

民主党于1990年12月12日成立。民主党的目标是维护阿尔巴尼亚的独立、完整和主权，彻底改变阿尔巴尼亚的政治、经济和社会制度，建立一个多元民主的社会。民主党在政治上反对社会主义制度和共产主义意识形态，主张议会制和国家机关、军队、治安机关、司法机关非政治化；经济上主张改造经济结构，建立多种所有制形式的市场经济；对外关系上主张开展广泛的合作，争取完全加入欧洲的民主化进程，成为欧安会正式成员。在1991年3月的议会大选中，该党获

30%的选票和75个席位，成为阿尔巴尼亚第一大在野党。截至1991年9月该党有党员约10.7万人，主要是大城市的青年学生和知识分子，其机关报为《民主复兴报》。该党宣称，它是一个"争取人权的党"，是一个不以党派属性而"以能量衡量人"的政党，曾与社会民主党和共和党组成反对党联盟，1992年3月在大选中获胜，成为执政党，1997年6月大选失利在野。

❦ 三、共和党

共和党于1991年1月成立。该党政治上提倡建立法治国家，实行民主共和制；在经济上主张建立自由市场经济，实行私有化，将土地等私有财产全部归还原所有者；在外交上主张优先发展同巴尔干国家和地中海国家的睦邻友好关系。

❦ 四、争取一体化社会运动党

争取一体化社会运动党于2004年9月成立。该党在政治上主张建立民主法治国家，倡导平等、公正；在经济上主张进行合法的自由竞争，建立自由市场经济，强调发展生产，提高福利，消除贫穷，繁荣经济，反对经济垄断和灰色经济；在外交上视"加盟入约"为外交重点，主张加强与东南欧地区的合作，强调睦邻友好，主张发展同传统友好国家的关系。

❦ 五、社会民主党

社会民主党于1991年4月成立。该党强调建立民主社会主义，实行包括私有制在内的混合所有制经济，积极发展同西方国家及巴尔干地区国家的友好合作关系。

❦ 六、民主联盟党

民主联盟党于1992年11月成立。该党主张把阿尔巴尼亚建成西方自由民主国家，实行以私有制为基础的市场经济，优先发展同西方国家的关系。

七、红黑联盟党

红黑联盟党于 2012 年 3 月成立，强调民族主义是该党的重要特征。该党在政治上主张将阿尔巴尼亚建设成为现代的法治国家，尊重宪法，保障公民权利；在外交上主张优先发展同欧盟、美国的关系。

第四节　议会

阿尔巴尼亚为议会制共和国，议会实行一院制，每届任期 4 年。阿尔巴尼亚议会是阿尔巴尼亚最高权力机关和立法机关，有权对阿尔巴尼亚国内政治、经济、社会发展以及对外关系中的重大问题做出决定。

议会有立法权，以审议和通过法律的方式确定国家发展的方向。1992 年民主党上台后，加速了立法的进程，制定和修改了大约 50 部法律，包括《选举法》《政党法》《私有化法》《土地法》等。

议会对其他宪法机构和根据法律成立的监察机构实行总体控制和监督，保障上述机构独立行使相关职能。最高法院院长、法官和总检察长由总统征得议会同意后任命。议会选举产生监察署长，并有权根据议员提议罢免监察署长。议会对包括政府预算在内的各项政府宏观规划享有审批权，并有权通过质询、议会辩论和提出动议等方式监督政府及其他宪法机构正确有效地履行议会决定。议会有权根据 1/4 议员的要求，成立专门审查委员会就特殊问题展开调查。议会有权根据党团或 7 名以上议员就某一问题提出的动议进行辩论，并通过表决形成决议或声明。国家对外缔结的条约需要在议会审议并表决通过后方可生效。

共和国总统由议会通过投票选举产生。总统严重践踏法律或严重犯罪可以被罢免，议会在 1/4 议员提议，并得到议会 2/3 以上议员支持的情况下可对总统提出罢免，罢免决议呈送宪法法院，宪法法院证实总统有罪时，宣布对其罢免。凡遇总统暂时无法履行其职权或总统一职出现空缺时，由议长代行总统职权。如总统超过 60 天无法履行职务，经 2/3 议员赞成，议会可就此向宪法法院提交罢免总统决议，宪法法院证实总统无法履行职务的事实后，议会在10天内开始选举新总统。此外，议会还有权决定全民公决的形式和日期。

阿尔巴尼亚议会为一院制，席位由在选举中获胜的党派或联合执政的党派根据所得投票率分配。获胜党获得1/2的简单多数，或者2/3的绝对多数席位。议席最初为250席，后减至155席，又减至140席。

议会下设常设委员会和议员团，如2001年选举产生的第五届议会下设了13个常设委员会和10个议员团。

议员的产生在1997年以前有两种方式，70%的议员按照多数制产生，30%的议员按照比例制选出。1997年之后，新的选举法规定，议会选举以比例选举制为主。如果选民的投票率不足50%，则选举结果无效。

2017年9月，阿尔巴尼亚产生新一届议会，格拉莫兹·鲁奇任议长。在140个议席中，社会党占74席，民主党占43席，争取一体化社会运动党占19席，正义一体化团结党占3席，社会民主党占1席。本届议会下设8个专门委员会。

第五节　　　总统

一、总统的权力和限制

自1912年阿尔巴尼亚独立以来，总统制在实施过程中实际上分为三个阶段。1912—1990年为第一阶段，总统为名誉国家元首阶段。1990—1998年为第二阶段，总统掌握实权阶段。1998年至今为第三阶段，总统重为名誉国家元首阶段。因此，在不同的阶段，总统的权力不同，总统制具体的表现形式也存在差异。

总统的权力由宪法规定，随着宪法不断地修改，总统的权力也在不断地调整中，有时扩大，有时缩小和受到限制。

阿尔巴尼亚于1990年12月30日的人民议会通过新的宪法草案。新的宪法草案规定总统的权力包括：立法否决权，有权罢免部长会议主席、部长和地区的政府机构负责人；如有必要，总统可以召开部长会议，总统为武装力量总指挥、国防委员会和最高司法委员会的主席；总统还可以对法官和检察官进行任免、调离和惩戒。

1991年4月30日阿尔巴尼亚《宪法要则》对总统权力进行了一定的限制，如免除总统罢免部长和地方政府机构负责人和主持召开部长会议的权力。

1992年3月，民主党执政，总统的权力得到了扩大。总统不仅有召集、主持和参加内阁会议的权力，而且通过了法令成立了总统领导的最高司法委员会，可以任免和惩处所有的地区法院和上诉法院的法官和检察官。

1997年7月，迈达尼担任总统，从这时起，总统的权力仅限于名誉性的权力，实际的权力掌握在政府和总理手中，总统只授权选举中获胜的党派领袖组阁。

1998年通过的阿尔巴尼亚新宪法规定，总统为国家元首。

二、总统任职资格和选举程序

1998年宪法规定了总统的任职要求。即出生在阿尔巴尼亚，近期在阿尔巴尼亚生活不少于10年，且年满40岁的阿尔巴尼亚公民，才有资格被选为总统。总统不是党派成员，不能担任别的公职。

总统的选举程序为：总统的候选人由不少于20名议员组成的小组提名。总统采取无记名投票方式选举。如第一次投票人数未达到全体议员的3/5，则要在7天之内进行第二次投票或进行第三次投票。两个以上的候选人，其中任何一人均未获得所要求的多数票，则在7日内对获票最多的两人进行第四次和第五次投票。若在第五次投票后仍未选举出总统，则要解散议会。在此后的60天内进行新的大选。如果新的议会也未选出总统，则要在60天之内再进行一次大选。总统选举不能晚于上届总统届满前30天进行。

总统任期为5年，只能连选连任一届。新总统要在上届总统结束任期离职后，在议会宣誓就职。

三、现任总统

阿尔巴尼亚的现任总统为伊利尔·梅塔。1969年3月24日生于斯科拉巴里。毕业于地拉那大学经济系。1992年进入社会党全国委员会，1993—1996年任社会党副主席、国际关系书记，1995—2001年任阿尔巴尼亚欧洲社会主义青年论坛主席。1992年起当选议员。1996—1997年任议会外交政策委员会副主席。1998年任副总理兼协调部部长，1999年11月任总理。2002—2003年任副总理兼外交部部长。2004年9月创立争取一体化社会运动党并任党主席。2009年9月任副总理兼外交部部长，2010年9月转任副总理兼经济、贸易和能源部部长。2013年9月当选议长。2017年4月当选总统，7月就职。2006年和2016年先后以前总理和议长的身份访华。

第六节　部长会议

❧ 一、部长会议的职权、地位和任期

在阿尔巴尼亚，部长会议即政府，是最高的行政机关。部长会议主席即为政府总理，由议会多数党提名，议会批准并由总统任命，任期4年。总统在议会组成之初或总理一职空缺时，根据议会占多数议席的政党或政党联盟的提名任命总理，并根据总理提名任命政府内阁，由议会表决通过。总理和任何部长会议其他成员有义务在三个星期之内对议员的质询和提问给予答复。部长会议成员有权出席议会或议会各委员会会议。应议会各委员会的要求，国家各机关负责人应对其有关活动做出解释和报告。议会根据1/5议员提出的动议，有权对总理提出不信任案，并提名新的总理人选，在议会全会表决通过后提交总统签署。

❧ 二、部长会议组建的程序和构成

阿尔巴尼亚部长议会的总议席目前为140个，阿尔巴尼亚宪法规定议员只有赢得应得选票的4%才能进入议会。获胜党必须获得1/2的简单多数票才能有资格组阁，但必须联合组阁，获得2/3的绝对多数票才能单独组阁。阿尔巴尼亚宪法规定，议会每4年更换一次，但如果一半以上的议员同意可以通过对部长会议的不信任案。不信任案一旦通过，部长会议必须向总统辞职，或由总统罢免。阿尔巴尼亚自实施议会政治以来，总共选出8届部长会议，但只有第一届部长会议单

独组阁，其余全部为联合执政，并且第一届议会和第三届议会只存在1年便提前解散。1997年3月社会党联合9个政党组成临时联合政府。

🎐 三、各个部门职能

总理是部长会议的最高行政首脑，全面负责本国的内政和外交以及国防。内阁设总理一名，总理由获胜党提出候选人，由总统任命。总理全面组阁，提出内阁成员名单，由议会批准，报总统任命。内阁设副总理一名，外交部部长，国防部部长，以及其他各部部长十名左右，共十五人。2017年9月，阿尔巴尼亚新一届政府成立，由社会党单独组阁。

第七节　　司法机关

阿尔巴尼亚的司法机构包括地方法院、上诉法院、最高法院、宪法法院和总检察院。最高法院和各级地方法院行使审判权。最高法院院长和最高检察院检察长由议会选举产生。最高法院是阿尔巴尼亚全国最高的审判机关，其法官由议会选举产生，任期4年。最高法院下设刑事、民事和军事3个法庭。最高法院院长或总检察长对3个法庭的判决提出的异议由最高法院全体会议进行审查。在各级市、镇、乡中设立轻刑犯罪法院。

阿尔巴尼亚的检察机关隶属于议会，由总检察长领导。总检察长和副总检察长均由议会任命。各级人民检察长由总检察长任命。宪法规定各级人民检察长对各地方政权机关独立，只服从总检察长，接受其命令和指示。

第四章　军事

第一节　概况

　　阿尔巴尼亚武装力量的使命是捍卫国家的主权、领土完整和宪法秩序。阿尔巴尼亚武装力量由国防正规军、快速反应部队和地方部队组成，总统是武装力量的最高指挥官，总统担任武装力量的总司令和阿尔巴尼亚共和国国防委员会主席，在平时和战时领导其全部活动。阿尔巴尼亚共和国国防委员会是国防领域的国家最高权力机构，它负责组织、动员和管理为保卫国家而提供的所有力量和资源。

　　国防部部长由文职人员担任，就军队的管理和国防政策的实施向国防委员会和政府（部长会议）提出报告。在国防部部长领导下的有总参谋长、国防部副部长、负责国防政策的部长助理、负责军事经济事务的部长助理，以及大的部队、防空军、海军和特种部队的指挥官。军事院校的领导也要向国防部部长报告本部门的工作。总参谋长就军队的训练和战备以及作战行动对武装力量总司令（总统）和国防部部长负责。总参谋长是总统和国防部部长的高级军事顾问。国防部由三大部分组成：总参谋部、国防政策和公共关系部、经济部。

　　阿尔巴尼亚武装力量由陆、海、空三军，训练与条令司令部及地区支援旅和后勤旅组成。最高军事指挥机关为总参谋部，总参谋部之下则是陆军司令部、海军司令部、防空司令部、后勤部以及训练和教学部。

军队发展沿革

阿尔巴尼亚现代军队最初起源于 1941 年 12 月阿尔巴尼亚共产党建立的城市战斗小组。1943 年 7 月 10 日，阿尔巴尼亚成立了民族解放军总司令部，并将军队改名为民族解放军。1947 年 7 月 10 日，阿尔巴尼亚民族解放军改称阿尔巴尼亚人民军，7 月 10 日成为建军节。1992 年 12 月 4 日，阿尔巴尼亚人民军改名为国民军。建军节也由 7 月 10 日改为 12 月 4 日。1997 年阿尔巴尼亚社会动乱使阿尔巴尼亚军队几乎瓦解。2009 年，阿尔巴尼亚军队处于重建和改革阶段。

阿尔巴尼亚军队改革的主要目的是与西方靠拢，吸纳西方国家军队的经验，开展与欧洲军事机构合作，为加入北约做准备。阿军队改革分为三个阶段：

第一阶段（1992—1993）。这一阶段阿尔巴尼亚军队改革的任务为改变军队设立的宗旨和军队的性质，由政党控制的军队转变为国家控制的军队。军队设立的宗旨改为：不仅能完成一般的作战任务，而且能执行和平和人道主义任务，将军队改造成为一支开放的、高透明度的军队。通过制定法律，做出了一些必要的决定，并取得了议会和政府的批准，从而加强了军队的法律基础和社会基础。

阿尔巴尼亚军队通过与北约军队进行接触，双方派出军事代表团互访，签订了双边和多边的协议，从而为双方建立和平伙伴关系准备了必要条件。

第二阶段（1993—1994）。这一阶段阿尔巴尼亚军队改革主要包括三个方面即裁减军队人员，改造国防部和军队集中配置。（1）削减军队人员。在此阶段，阿军队由 21 个师减为 9 个师，军官、士官和军队中的文职人员精简了 35%，截至 1994 年，军队总人数削减到现役军人 2.8 万人，预备役人员 32.4 万人。（2）改造国防部。阿尔巴尼亚国防部分为三个部门，即政治部门、总参谋部和经济部门，其中 60% 为军人，40% 为文职。（3）军队集中配置。阿尔巴尼亚军队由 2 200 个小分队分散配置改变为以大单位集中在军营的配置，以便加强部队的准备程度、组织纪律和军事训练。

第三阶段（1994年以后）。这一阶段阿尔巴尼亚军队改革的主要任务是提高军队质量。（1）提高军事教育和军人的素质，这方面的工作包括：普遍改进军事学校和军队的教育。开设国防学院和士官学院；1 200名军官在国外取得入学资格或访问外国军队；制定《阿尔巴尼亚共和国安全和国防政策》文件。阿尔巴尼亚议会通过了一系列法律，比如军衔法、兵役法、军队刑事法等。（2）进一步改造军队，提高质量。除了组建特种部队、裁军与计划外，还根据军队的能力和情况，仿效西方军队组建了一些机构。（3）提高军队的现代化和完成任务的质量。工兵和特种部队接受了执行助民救灾任务的训练，建立了第一个维和部队，即维和连。（4）提高军队与外国军队合作的质量。（5）改善军人的生活条件。为军官和士官提供免费食品；为2 000名军人和军队文职人员提供住房等。

第三节　　兵役制度

阿尔巴尼亚实行义务兵役制。服兵役是每一个阿尔巴尼亚公民保卫国家的权利和义务，它是根据1995年通过的《阿尔巴尼亚共和国武装力量法》而确定的。兵役制分现役和预备役两种。凡阿尔巴尼亚公民，不论他在何处，都有义务在阿尔巴尼亚共和国服现役或预备役。

阿尔巴尼亚公民服现役的年龄为19~32岁，服役期为12个月。凡在服兵役年限内未服兵役者，必须在40岁前完成兵役。公民在完成了义务兵役后或者年龄超过40岁而未完成义务兵役者，在55岁前完成预备役。预备役的服役期限通常是每4年服役1个月。

第四节　　军衔制度

阿尔巴尼亚的军衔制度曾于1966年取消，1991年根据议会的法令而恢复。根据新法令，对现役和预备役的军官和士官以及对服义务兵役的士兵授予军衔。军官的军衔为：少尉、中尉、上尉、少校、中校、上校、准将、少将、中将、上将。士兵军衔为：下士、中士、上士。

第五节 **军事教育**

在阿尔巴尼亚，培养士官的工作是在地拉那士官学院进行的。该学院的学习期限为5个月。考进该学院的学生是具有中等教育程度、完成了义务兵役而又自愿成为士官候选人的公民。该学院的机构是根据步兵、情报人员、炮兵、高射炮兵、工程兵、坦克兵、后勤兵和通信兵的需要而设置的。

地拉那的斯坎德培军事学院是大专院校一级的高等军事学府，受国防部部长领导。该校的专业由设置在地拉那的地面部队专业、设置在发罗拉的航空专业和海军专业组成。斯坎德培军事学院的目标是培养陆军、空军和海军的军官、连级指挥官，营参谋军官和同等级别的现役和预备役军官，对他们进行军事科技教育和军事理论教育。在斯坎德培军事学院完成学业的军官中的成绩优异者，将到本国的地方大学学习。为了军队的需要，完成了地方大学学习的军官将再回到斯坎德培军事学院进行为期一年的资格学习。

地拉那国防学院是一所高等军事教育学府和大学科研机构，受国防部部长领导。该学院由指挥和参谋学院、国防学院和战略研究中心组成。其目标是对军队和文职领导人进行战争、学术研究、军事历史及国防安全政策方面的教育。

第六节 **军事合作**

阿尔巴尼亚于1955年5月参加了华沙条约组织，1961年8月起停止参加华约任何活动，1968年9月退出华约。

自从阿尔巴尼亚承诺增加参与多国行动，该国先后参加了六次国际军事访问，并向联合国驻格鲁吉亚特派团派出三名军事观察员。自2008年2月以来，阿尔巴尼亚正式参加了北约在地中海的"积极奋进行动"。它于2008年4月3日被邀请加入北约，并于2009年4月2日成为北约的正式成员。

第五章 文化

第一节　语言文字

一、官方语言

　　阿尔巴尼亚的官方语言是阿尔巴尼亚语。在阿尔巴尼亚，使用阿尔巴尼亚语的人口约280万；阿尔巴尼亚语也通行于科索沃地区，使用人口133多万；北马其顿一部分居民使用阿尔巴尼亚语；在希腊与阿尔巴尼亚接壤的小部分地区和意大利南部的阿尔巴尼亚人聚居地区也有人使用阿尔巴尼亚语。全世界使用阿尔巴尼亚语的总人数约450万。阿尔巴尼亚学者认为阿尔巴尼亚语源自古代伊利里亚语，但这两种语言是否有关系尚有待于进一步验证。

二、语言特点

　　阿尔巴尼亚语分布区划分为两个基本方言区：南部托斯克方言区和北部盖格方言区，两者又划分为众多地方话。19世纪末，以托斯克和盖格方言为基础形成两个版本的现代标准阿尔巴尼亚语，即托斯克方言和盖格方言。在阿尔巴尼亚，托斯克方言在使用中占据主导地位。1967年《阿尔巴尼亚语正字法规则》草案公布。《现代阿尔巴尼亚语词典》的出版标志着阿尔巴尼亚统一的标准语言达到了新的水平。

　　除印欧语固有词外，阿尔巴尼亚语的词汇构成还包括大量不同时期的希腊语、拉丁语、斯拉夫语、土耳其语、意大利语和法语借词等。在与其他语族语言如保加利亚语、希腊语、罗马尼亚语等长期相互影响的历史过程中，阿尔巴尼亚语形成了一系列巴尔干语的结构类型学特征，即所谓的巴尔干语言重合单位，与这些语言一起构成巴尔干语言联盟。

第二节　文学

❖ 一、阿尔巴尼亚文学史

阿尔巴尼亚文学史大致经历了宗教文学的兴起、民族复兴时期、民族独立时期和民族解放时期四个阶段，这四个阶段主要是在反抗外族统治的斗争中形成的，文学作品大多是描写和歌颂民族英雄，因而英雄叙事诗比较丰富。

（1）宗教文学的兴起时期。阿尔巴尼亚古代文学是在反抗土耳其封建统治的情况下发展起来的。口头流传的英雄叙事诗比较丰富。这一时期的书面文学作品带有浓厚的宗教色彩，具有宝贵的文献价值。

（2）民族复兴时期的文学。从十九世纪三四十年代起，随着阿尔巴尼亚民族复兴运动的蓬勃发展，阿尔巴尼亚的文学也进入了民族复兴时期。为了广泛地进行爱国主义宣传，提高民族觉悟，纳·维奇尔哈尔吉（1797—1866）等民族解放运动的先驱者，为发展阿尔巴尼亚语言和教育做了艰苦的努力。民族复兴文学以 1878 年普里兹伦同盟的建立为界线，分为前后两个时期。前期的代表作家有纳·维奇尔哈尔吉、康·克里斯托福里迪（1830—1895）、瓦·巴夏（1825—1892）、戴·拉达（1814—1903）等；后期有纳·弗拉舍里（1846—1900）、安·扎·恰佑比（1866—1930）、恩·米耶达（1866—1937）等。阿尔巴尼亚的文学在这一时期的特点是反对本国封建主和土耳其的统治，热烈追求自由和民族解放。这一时期的部分著名作家，如阿尔巴尼亚文学的奠基者纳·弗拉舍里、散文作家萨·弗拉舍里（1850—1904）都是民族解放运动的重要领袖，他们的作品集中地表现了民族复兴者的革命理想。

在民族复兴时期的文学中诗歌占有最重要的地位。民族复兴作家和诗人的主要创作方法是浪漫主义，最早由侨居在意大利南方阿尔伯雷什的阿尔巴尼亚诗人叶·戴·拉达、小加夫利尔·达拉等人所运用，纳·弗拉舍里、恩·米耶达等诗人又使它得到进一步的发展。

（3）民族独立时期的文学。从1912年阿尔巴尼亚获得民族独立到1939年意大利法西斯侵占阿尔巴尼亚这段历史时期，通常被称作民族独立时期，这一时期的文学也称作民族独立时期的文学。它继承和发扬了民族复兴时期文学的爱国主义传统，发展了进步的民主倾向。

特别是20世纪30年代以后，由于共产主义思想的传播和受苏联文学的影响，出现了以革命诗人、作家米杰尼（1911—1938）为首的"1935年的一代"作家，其中主要有切·斯塔发、农·布尔卡、迪·舒特里奇、阿·恰奇、谢·穆萨拉伊等。他们创作了一大批充满革命激情的作品，并同颓废主义等倾向进行了斗争。这时期诗歌仍处于优势的地位。在文学创作方面，出现了现实主义的长篇小说。

（4）民族解放时期的文学。1939—1944年民族解放战争时期，文学的中心主题是赞美英雄人物，颂扬革命英雄主义精神。这一点在许多民歌以及法·吉亚泰、拉·西利奇、科·亚科瓦等人的诗歌和小说中得到了极大的体现。穆萨拉伊的长篇讽刺诗《"国民阵线"的史诗》最为有名。这一时期的文学作品反映了民族解放战争的艰苦与伟大，歌颂了人民的爱国主义精神和革命英雄气概。

两次世界大战期间，对阿尔巴尼亚文学做出重大贡献的是流亡在美国波士顿的作家弗洛奇和科尼特萨，两人编辑了阿尔巴尼亚文学杂志。这一时期，做出重大贡献的还有传教士诺利主教。他翻译的莎士比亚、易卜生及其他外国作家的优秀作品，一直在阿尔巴尼亚国家剧院盛演不衰，丰富了阿尔巴尼亚语言。受此影响，阿尔巴尼亚的小说、诗歌、散文和戏剧得到迅速发展，涌现出一大批文学作家，主要有小说家科里奇、克胡泰里（巴斯科的笔名），诗人波拉代兹和剧作家弗洛奇。

第二次世界大战后阿尔巴尼亚的文学发展比较缓慢，得到广泛关注的作家和作品较少。只有作家卡达莱的小说《死亡部队的将军》被译成欧洲几种主要的语言，至今仍是赢得国际声誉的阿尔巴尼亚文学作品。

🌸 二、代表作家及作品

（1）宗教文学的兴起时期的代表作家及作品。阿尔巴尼亚出版的第一部著作是于1555年出版的焦恩·布祖库的《祈祷书》。这个时期的其他作家作品包括：马林·巴尔莱蒂的散文《斯库台被包围》（1578）、《斯坎德培生平和英雄业绩史》（1579），诗人彼·布迪（1566—1622）的《基督教义》，弗·巴尔迪（1606—1643）的《斯坎德培》等。到了18世纪末19世纪初，伊斯兰教文学对穆·屈丘库（1784—1844）等诗人产生了不小的影响，使他们的作品带有浓厚的宗教色彩和东方文学的情调。

（2）民族复兴时期的文学代表作家及作品。此期的代表作家以诗人为主，代表作品主要为诗歌。如纳·弗拉舍里的长篇抒情诗《畜群和大地》（1886）及诗集《夏天的花朵》（1890），采用田园牧歌式的格调，描写了阿尔巴尼亚的自然风光、农夫和牧人的生活与劳动，预言阿尔巴尼亚一定会获得解放。恩·米耶达的抒情诗《青春女神节》、巴斯科·瓦萨的诗《啊，阿尔巴尼亚》、阿斯德伦尼（1872—1947）的诗《阳光》《理想与眼泪》等都是抒情诗中的名篇。叙事诗也有了显著的发展，如纳·弗拉舍里的长篇叙事诗《斯坎德培的一生》（1898）、戴·拉达的诗体小说《米辽沙奥之歌》（1836）以及加乌里尔·达拉（1826—1885）的长篇叙事诗《巴拉最后的歌》（1906），均占有重要地位。在这些作品中，诗人们塑造了民族英雄斯坎德培的光辉形象，展现了阿尔巴尼亚人民抗击外敌侵略和压迫的斗争。

19世纪末20世纪初，阿尔巴尼亚出现了现实主义的作家，其主要代表为安·扎·恰佑比。他的主要作品包括诗集《父亲——托莫里山》（1902），喜剧《死后》《十四岁的新郎》和诗剧《祖国的英雄》等。他的作品从多方面描绘了阿尔巴尼亚人民的生活，揭露了土耳其占领者的暴政，反映了人民争取自由和民族解放的愿望，对后来民族独立时期文学影响很大。

（3）民族独立时期的文学代表作家及作品。此段时期的代表作家及作品主要有：福·波斯托利（1889—1927）的《记忆的花朵》（1922）等和米杰尼的诗《我们是新时代的儿女》和诗集《自由诗》。米杰尼在作品中描述了贫苦人民的苦难生活，控诉了他们对社会的愤懑，表达了他们对未来的信念。米杰尼作品采用新的表现手法，对阿尔巴尼亚文学具有重要影响。

（4）民族解放时期的文学代表作家及作品。此时的代表作家及作品主要有：斯·斯帕塞的长篇小说《他们不是孤立的》，科·亚科瓦的长诗《维古的英雄们》和话剧《我们的土地》，拉·西利奇的长诗《普里什蒂纳集中营》和《教师》，舒特里奇的长篇小说《解放者》等。

第三节　艺术

一、音乐

阿尔巴尼亚复调音乐是阿尔巴尼亚的传统音乐。它的民间低声部复调音乐于2005年入选为人类非物质文化遗产。

阿尔巴尼亚的传统复调音乐可分为两种主要风格：北阿尔巴尼亚黑格斯人的表演风格和居住在阿尔巴尼亚南部的来布斯人的表演风格。平行复调音乐则主要由居住在南部的托斯克斯人和来布斯人举行的表演风格。"Iso"一词所指的形式与拜占庭教堂音乐"Ison"有关，特指低音声部，即伴唱复调。这种低音声部有两种表演方式：在托斯克斯人中，常用"唉"这一衬词使低音持续不断，并采用错位呼吸法；而在来布斯人的表演中，低音有时采用带节奏的音调，伴随歌词演唱。二声部、三声部、四声部复调各不相同。二声部平行复调是阿尔巴尼亚复调音乐中最简单的形式，流行于整个南阿尔巴尼亚地区。平行复调主要由男性表演，但也有少数由女性表演。这种音乐广泛应用于各类社会活动，如婚礼、丧葬、丰收庆典、宗教仪式以及节日庆典，如著名的阿尔巴尼亚民俗节日"吉若卡斯特拉"。作为歌唱形式，阿尔巴尼亚的复调包括三部分：两个独唱部分，一个旋律部分和伴随合唱低声部的对位旋律。较少见的四部歌唱结构，仅见于来布斯人的音乐。这一形式同样包括两个独唱部分，但由双低音声部伴唱，一个合唱部分和一个独唱段落。独唱部分的结构因低声部演唱方式的不同而不同，但两种低音类型存在大量的变化结构，特别是持续音的风格，它流行于这一音乐种类所有的表演团体中。

二、舞蹈

阿尔巴尼亚族是一个能歌善舞的民族，其民间舞蹈遗产更是丰富多彩，其中芭蕾舞、单人舞、双人舞、三人舞和四人舞各具特色。此外，还有加上特技动作的舞蹈更使人叹为观止。如流传于地拉那地区的"龟舞"，舞者在头上顶着装满水的"乌龟头"，舞动时水却不会溢出来。"战争之舞"过去曾在阿尔巴尼亚各地广泛流行，目前在阿尔巴尼亚内陆某些地方还能看见。阿尔巴尼亚政府对提高和发展民间歌舞给予了很大关注，几乎每年都要举办全国性的民间歌舞会演。现在首都地拉那的职业和业余文艺团体每年都要举办"五月歌舞节"，表演一年的歌舞新作。

三、绘画、雕塑

从公元前7世纪起，阿尔巴尼亚沿海一带古城开始受希腊的影响。在布特林特发现的公元前3世纪的剧场遗址，形制与希腊剧场相似，可以容纳约3 000名观众。精美的雕塑作品《布特林特女神头像》（公元前4世纪）更是为世人赞叹。在费里出土了不少精美雕塑品和工艺品。长期以来，阿尔巴尼亚绘画艺术不断地受到各种外来文化的影响，其发展大致可以分为三个时期。

（1）受拜占庭绘画约束的时期。4世纪末罗马帝国分裂后，阿尔巴尼亚隶属东罗马帝国，在艺术上颇受拜占庭绘画的影响。

15世纪中叶以后，阿尔巴尼亚艺术家曾创作了不少教堂壁画，这些作品色彩鲜明，人物生动，透露出世俗生活的气息。但从16世纪起，阿尔巴尼亚的绘画逐渐摆脱了拜占庭绘画的约束。

（2）受意大利绘画影响的时期。在土耳其人统治的近5个世纪中，阿尔巴尼亚的绘画一直比较低迷，不少有才华的艺术家不得不远赴国外。直到19世纪下半叶才开始的复兴民族文化艺术揭开了现代艺术的序幕。K.伊德罗梅尼是阿尔巴尼亚民族艺术复兴的先驱，他工作在斯库台，创作了一系列贫苦山民的肖像。他的主要作品有《斯库台妇女肖像》（1883）和《我的姐妹》（1886）等。N.马尔蒂尼是一位出色的肖像画家，他的画作《医生普列勒肖像》，色彩柔和，感情真挚。S.罗塔是斯库台画派的画家，既擅长肖像画，也热衷于风俗画。他早年在意大利米兰艺术学院学习，并积极参加民族解放斗争。他的画作有着浓郁的乡土气息和强烈的爱国主义情怀，代表画作有《山区农妇进城》、《卖了东西后算账的农妇》、《母亲》（约1933）、《站在大门口的斯库台妇女》（1955）等。

科尔察是阿尔巴尼亚的一个艺术中心。科尔察画派的S.泽盖是一位优秀的肖像画家。他的作品富有浪漫主义气息和民间艺术色彩。N.扎伊米是一位地拉那画家，早年在罗马学习。他出生在农村，非常擅长画农民的形象和描绘农村生活。他的代表作有《穷人的房子》、《山民肖像》、《阿尔巴尼亚妇女肖像》、《鸡与葱》、《老人肖像》以及《讲述民族解放战争的故事》（1952）等。在民族艺术复兴的年代里，科尔察涌现出一批优秀的风景画家，这方面的代表人物有V.米奥和S.扎采利。米奥长期生活和工作在科尔察。他以抒情的笔触描绘了故乡美丽的风光，代表作有《科尔察的冬天》（1941）。从法国归来的S.扎采利长期住在地拉那，善于画抒情的风景画。他在20世纪50年代创作的《春天》，表达了画家对祖国的炽烈感情，此外，他还创作了《卡尔·马克思水电站》和《海岸》等作品。

（3）革命历史画流行时期。1944年，阿尔巴尼亚解放后，革命历史画开始上升到重要地位。这方面的优秀作品有B.塞伊迪尼的《1944年11月17日地拉那的早晨》。20世纪60年代以后，阿尔巴尼亚的画家们更多地关心现代生活题材。

19世纪末20世纪初，雕塑艺术也得到了发展。著名的雕塑家有O.帕斯卡利、L.尼古拉、Y.帕乔、K.霍希等人。

O.帕斯卡利早年在意大利都灵学习绘画，回国后长期在地拉那工作。他的主要代表作有《饥饿的人们》（1924）、《科尔察民族战士纪念碑》（1932）和《人民英雄库什纪念碑》（1948）等。他在1906年获得共和国奖。L.尼古拉早年在希腊学习，他的风格简练概括、粗犷有力，代表作有《山民》（1938）、《山民头像》（1954）、《女游击队员》和《刈草人》（1955）等。Y.帕乔重视抒情风格，手法细腻，他的代表作有《少女胸像》（1948）。K.霍希是阿尔巴尼亚第一位女雕塑家，她的代表作有地拉那的《列宁纪念碑》（1952）等。

第六章　社会

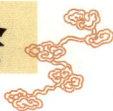

第一节　人口与民族

　　截至 2017 年 1 月的统计数据，阿尔巴尼亚人口约 288 万，其中阿尔巴尼亚族占 82.58%。少数民族主要有希腊人、北马其顿人、塞尔维亚人、克罗地亚人和茨冈人等。

　　据统计研究所估计，阿尔巴尼亚在 2016 年的人口约为 2 886 026 人。阿尔巴尼亚每个妇女生育 1.51 个子女，其总和生育率是世界上最低的。阿尔巴尼亚的人口密度为每平方千米 259 人。该国人口总数在巴尔干地区位于第 8 位，在全世界排名第 137 位。

　　阿尔巴尼亚约有 53.4% 的人口居住在城市。人口最多的三个州占人口总数的一半，其中地拉那州的人口占总人口的近 30%，费里州占 11%，都拉斯州占 10%。地拉那是阿尔巴尼亚第一大城市，也是巴尔干半岛最大的城市之一，人口约 86.2 万。阿尔巴尼亚第二大城市是都拉斯，人口总数为 20.1 万；第三大城市为发罗拉，人口总数为 14.1 万。

第二节　宗教

　　阿尔巴尼亚宗教有着悠久的历史。阿尔巴尼亚是最古老的基督教国家之一。早在使徒时代，在都拉斯就有 70 个基督教家庭。据说都拉斯大主教区是由使徒保罗建立的，同时在伊利里亚和伊庇鲁斯传道。

同时，在中世纪时期，阿尔巴尼亚人首先出现在拜占庭人的历史记录中。

在9世纪末随着阿拉伯人占领了亚得里亚海东岸的部分地区，伊斯兰教第一次抵达该地区。后来在奥斯曼帝国时代，伊斯兰教成为该地区的主要宗教。

在现代，阿尔巴尼亚共和国采取了将宗教与官方功能和文化生活分离的政策。这在一定程度上抑制了宗教的发展。

到20世纪60年代，阿尔巴尼亚有120万人信奉伊斯兰教，30万人信奉东正教，20万人信奉罗马天主教。但1967年，阿尔巴尼亚政府曾经颁布宗教禁令，但持续的时间并不长。1990年5月8日，阿尔巴尼亚正式宣布解除对宗教的禁令。

阿尔巴尼亚居民主要信奉伊斯兰教、天主教以及东正教，据统计，截至2017年1月，有56.7%的居民信奉伊斯兰教，10.1%的居民信奉天主教，6.75%的居民信奉东正教。东正教徒大部分生活在阿尔巴尼亚南部，而天主教徒主要生活在北部。

第三节　　传统风俗

阿尔巴尼亚人性格刚毅，淳朴坦诚，待人热情，注重友谊，办事认真，讲究礼节。阿尔巴尼亚人与山鹰有着深厚的感情。山鹰刚毅勇敢，是阿尔巴尼亚民族的象征和骄傲。因此，在阿尔巴尼亚人们都尊山鹰为国鸟。

阿尔巴尼亚人对太阳极为崇拜。他们把每年开春后的第一次农牧活动放在阳光灿烂的晴天进行，认为这样会带来大丰收。山区姑娘的订婚仪式必须选在太阳升起后的上午举行，因为他们认为早晨的太阳是夫妻生活美满、白头偕老的象征。

阿尔巴尼亚人酷爱白色，认为白色是一种美好的色彩。他们把白色视为吉祥如意，象征着幸福与光明。他们还把百褶裙的层次作为高贵的标志，认为百褶裙的层次越多，表示穿着百褶裙的人的社会地位越高、财产越多，故许多地区的男子都特别爱穿多层的白色百褶裙。

阿尔巴尼亚人用摇头表示同意，表达不同意时则点头。

阿尔巴尼亚人在社交场合与客人见面时，一般都以握手为基本礼节，见面拥抱、亲脸、贴面颊限于亲人、熟人之间，夫妻之间行亲吻礼，父母和子女之间亲脸、亲额头，平辈亲友之间贴面颊，与朋友相见时，也用拥抱礼和贴面礼。

在与人交往中，阿尔巴尼亚人通常彬彬有礼，极善言辞。喝咖啡是阿尔巴尼亚人的偏好。阿尔巴尼亚人的午饭时间一般较晚，通常在下午三四点钟，而晚饭时间则为晚上九十点钟。阿尔巴尼亚人的家庭观念极强，绝大多数的家庭中女主人几乎承担全部的家务。

第四节　节假日

阿尔巴尼亚的节假日特别多，几乎每个月都有。其中1月、4月、8月和11月4个月最多，12月最少。阿尔巴尼亚的节日分为两类，一类是国际通行的节日，如3月8日的国际妇女节、5月1日的国际劳动节和6月1日的国际儿童节。另一类是国内节日，包括三种，一种是与国家独立运动有关的纪念日，二是各类部队和军人的纪念日，三是其他行业纪念日。

下面就阿尔巴尼亚的主要节日按月份的顺序排列，介绍如下。

（1）1月7日东正教圣诞节

阿尔巴尼亚东正教的圣诞节在每年的1月7日。

（2）1月11日共和国日

1945年12月2日阿尔巴尼亚选举产生出立宪大会。1946年1月10日立宪大会正式召开。1月11日立宪大会做出决定，宣布阿尔巴尼亚为人民共和国。因此，在阿尔巴尼亚，1月11日被定为共和国日。

（3）3月7日教师节

1887年3月7日阿尔巴尼亚第一所民族语学校在东部城市科尔察诞生。这所学校成为培养民族意识的摇篮。1960年，阿政府做出决定，把3月7日定为教师节。

（4）3月8日国际妇女节

1942年在阿尔巴尼亚首次庆祝。自1953年起，阿尔巴尼亚把国际妇女节作为妇女解放的传统节日加以庆祝。

（5）5月1日国际劳动节

1905年5月1日，在阿尔巴尼亚北方城市斯库台市第一次由几名青年工人发起游行，并组织了一次郊游，在郊游中演讲了这一节日的重要意义和工人的权利。1907年5月1日，游行活动吸引了所有工人参加，从此这一活动在斯库台市成为传统。以后，每年一度的庆祝活动逐步普及到阿尔巴尼亚的其他城市。解放后，5月1日成为阿尔巴尼亚政府组织盛大游行和检阅的重要节日。

（6）5月5日烈士节

烈士节是以一位名叫捷马尔·斯塔法的人民英雄牺牲的日子命名的。

捷马尔·斯塔法（1920—1942）是阿尔巴尼亚早期共产主义思想的传播者，是阿北方城市斯库台共产主义小组的创始人之一。1941年1月8日，捷马尔·斯塔法作为斯库台小组的代表出席了在地拉那召开的各共产主义小组代表的联席会议。会议决定成立阿尔巴尼亚共产党，捷马尔·斯塔法为促成几个小组的联合起了很大作用。捷马尔·斯塔法当选为临时中央——第一届中央委员会中央委员，接着又被选为阿尔巴尼亚共产主义青年联盟第一任政治书记。1942年5月5日，他在地拉那一次与法西斯的战斗中牺牲。1945年阿尔巴尼亚共产党中央和阿部长会议做出决定，宣布5月5日为烈士节。

（7）5月9日反法西斯胜利日

法西斯德国无条件投降的正式签字仪式是1945年5月8日的24时，在柏林郊区的卡尔斯霍尔斯特举行的。在苏军元帅朱可夫的主持下，德国政府代表同苏、美、英、法军队统帅部的代表签署了无条件投降书。投降书从5月9日0时开始生效，由于时差，在柏林以东的苏联当时已是5月9日凌晨，而在柏林以西的美英法等国还是5月8日的下午或夜晚。由此，美、英、法等国把5月8日定为欧洲胜利日，苏联则确定5月9日为战胜法西斯德国的纪念日。阿尔巴尼亚跟随苏联将这一天定为本国的反法西斯胜利日。

（8）6月1日国际儿童节

阿尔巴尼亚从1950年开始庆祝这一节日。

（9）7月10日建军节

1943年7月4日，应阿尔巴尼亚共产党的建议，阿尔巴尼亚民族解放委员会总会选举产生出民族解放军总指挥部。总指挥部于 1943 年 7 月 10 日宣布组成，同时这也标志着民族解放军的成立。

（10）8 月 19 日开斋节

开斋节，也叫肉孜节，是全球穆斯林庆祝斋月结束的节日，在伊斯兰历闪瓦鲁月的第一天。开斋节这天，穆斯林一般很早起床，早祈祷后就可以吃一些东西，象征斋月结束。然后出去团拜，互相拥抱问候，恢复朋友和亲友之间的联系。穆斯林在这一天都穿节日衣服，喜气洋洋。开斋节不仅是斋月结束，而且也是为了感谢安拉使他们的信仰更加坚定。从有伊斯兰历以来就有开斋节，第一次开斋节是先知穆罕默德和他的家人朋友亲自庆祝的。

（11）11 月 28 日国庆节（独立日）

1912 年 11 月 28 日，在经历了 5 个世纪的奥斯曼土耳其帝国的统治以后，阿尔巴尼亚爱国者于南部海滨城市发罗拉举行国民大会，宣布阿尔巴尼亚独立。大会决定宣布阿尔巴尼亚为独立国家，并授权伊斯梅尔·捷马利（1844—1919）组建临时政府，升起红底黑双头鹰的旗帜，故 11 月 28 日被定为独立日。

（12）11 月 29 日解放日

1944 年 11 月 29 日，阿尔巴尼亚民族解放军解放了斯库台，实现了全国解放，故 11 月 29 日被定为解放日。

第五节　饮食

阿尔巴尼亚人在饮食上喜爱的烹调方法主要有煎、炸、烤等，一般不喜欢红烩、煮等烹调方法。

阿尔巴尼亚人讲究菜肴多样多味，爱酸味和辣味，一般不喜太咸。阿尔巴尼亚人爱吃羊肉、牛肉、禽类等，对煮鸡蛋也十分感兴趣。阿尔巴尼亚人注重菜品实惠量足，烤全羊、烧羊腿肉、烤羊肉串是常见的经典菜。

阿尔巴尼亚人爱用黄油做菜，喜爱用白醋、胡椒粉、辣椒粉等做调料品，喜欢的蔬菜有黄瓜、西红柿、辣椒、卷心菜等。阿尔巴尼亚人习惯以面包为主食，也爱吃奶油炒米饭、什锦米饭等。

　　阿尔巴尼亚人喜欢喝啤酒和烈性酒，在饭后爱喝橘子汁、冰水、咖啡或吃雪糕、冰激凌等。阿尔巴尼亚人喜欢吃菠萝、葡萄、苹果、香蕉等水果，爱吃茶生米、杏仁等干果。

　　阿尔巴尼亚主要的菜谱有什锦拼盘、拌黄瓜海蜇、拔丝苹果、香酥鸡、鸡汤丸子、番茄甩果汤等风味菜肴。

第七章　外交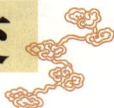

第一节　对外政策

　　阿尔巴尼亚地处巴尔干半岛，战略地位十分重要，历来为大国所重视，也深受大国的影响。北约、欧盟对阿尔巴尼亚的影响巨大。阿尔巴尼亚奉行务实的外交政策。根据务实外交宗旨，加入北约和欧盟成为阿尔巴尼亚政府的基本国策。在这个背景下，阿尔巴尼亚优先发展同西方国家的关系，寻求美欧国家对本国经济改革和政治上的支持，加快同欧洲实现一体化进程。同时积极参加东南欧区域合作，并努力发展和改善同周边国家的睦邻关系。

　　在军事上，阿尔巴尼亚一直追求加入北约，希望成为北约东扩初期的第一批成员，并且借助加入北约加强与美国为首的西方大国的关系以及密切与欧洲邻国的关系。1994年，阿尔巴尼亚成为北约"和平伙伴国"。为了早日加入北约，阿尔巴尼亚积极配合北约的军事行动。阿尔巴尼亚于2009年正式加入北约。加入北约后，阿尔巴尼亚完全融入北约军事体系。阿尔巴尼亚一方面开始依靠北约保卫其领空，另一方面为北约提供军事基地。2009年起阿尔巴尼亚的北约邻国意大利和希腊的空军开始执行阿尔巴尼亚防空任务。

　　在政治和经济上，阿尔巴尼亚致力于加入欧盟，从而提升自身的政治地位和改善本国的经济状况。自从1991年起，阿尔巴尼亚就努力加强与欧洲各国的联系，1999年阿尔巴尼亚加入欧盟"稳定与联系进程"，2000年成为欧盟的"潜在候选国"，2006年与欧盟签署《稳定与联系协议》(SAA),在2014年,欧盟正式接纳阿尔巴尼亚为欧盟候选国。

第二节 对外关系

阿尔巴尼亚已同150多个国家建立外交关系,向50多个国家和国际组织派出了代表机构。阿尔巴尼亚还是许多国际组织的正式成员,其中包括联合国、欧洲理事会、国际移民组织、世界卫生组织、地中海联盟、伊斯兰合作组织、欧洲安全与合作组织、国际货币基金组织、世界贸易组织和法语国家组织。

阿尔巴尼亚与美国的关系最为密切。20世纪90年代以后,阿尔巴尼亚政府称美国是阿尔巴尼亚对外关系的“最重要伙伴”,外交路线一直追随美国的路线,充当美国最坚定的“新欧洲”盟友。美国在政治、经济、军事上给予阿尔巴尼亚帮助。美国领导人允诺每年向阿尔巴尼亚提供3000万~4000万美元的财政和军事援助,并帮助阿尔巴尼亚军队实施现代化进程。

阿尔巴尼亚与周边国家关系较为复杂。近年来,阿尔巴尼亚重视发展和改善同邻国的关系,并积极倡导和参与区域合作。2003年3月7日,阿尔巴尼亚与北马其顿、克罗地亚签订《亚得里亚宪章》,结成集体加入北约伙伴关系。

阿尔巴尼亚和希腊建立起军事合作关系。2002年12月11日阿尔巴尼亚国防部部长马伊科与来访的希腊国防部部长帕潘托尼乌签署了阿希两国政府2002年军事合作协定。

两国国防部部长在随后举行的记者招待会上一致强调,两国不仅在军事领域加强合作,还要在经济等各领域加强合作,以利于睦邻和巴尔干地区的稳定。2013年10月14日希腊外交部部长韦尼泽洛斯访问了阿尔巴尼亚,并先后与阿尔巴尼亚外交部部长布沙提和总理拉马进行了会谈,双方签订了合作框架协议,从而将双方的合作关系提升至新的高度。

2014年和2015年阿尔巴尼亚总理和塞尔维亚总理实现了互访,试图改善两国脆弱的关系,会谈中两国总理强调差异只能通过协商来解决。

第三节 **同中国的关系**

一、中阿关系变迁的历史

1949年11月23日，阿尔巴尼亚同中国建交。中华人民共和国成立后，阿尔巴尼亚是首批同中国建交的国家之一。20世纪50—70年代，中阿建立了深厚的友谊。

近七十年来，阿尔巴尼亚与中国的关系大起大落，几经波折。随着国际和地区形势的变化，中阿两国共同利益不断增多，渐行渐近。两国于1954年就互设使馆达成协议，并于同年互派大使。

其间，中国在自身经济十分困难的情况下向阿尔巴尼亚提供相当数目物资和贷款，使阿尔巴尼亚得以顺利完成第一个五年计划。1961年，中国向阿尔巴尼亚提供了几十万吨粮食，还提供了价值2.5亿元人民币的外汇，承担了19个成套项目，帮助阿实现了濒于夭折的第三个五年计划。1954—1978年，中国共向阿尔巴尼亚提供援款75笔，协议金额为100多亿元人民币。中国援阿成套项目共计142个。中国为阿尔巴尼亚兴建了钢铁生产、化肥制造、制碱、制酸、玻璃制造、铜加工、造纸、塑料制造等新的工业部门，增建了电力、煤炭、石油、机械、轻工、纺织、建材、通信和广播等部门的项目，大大提高了阿尔巴尼亚的工业化水平。

1971年10月，阿尔巴尼亚作为主要提案国为恢复中国在联合国合法席位做出了重要贡献。

2012年4月，中国-中东欧国家合作机制正式启动，为中国同包括阿尔巴尼亚在内的中东欧国家加强各领域务实合作提供了新的契机，中阿两国关系从此步入快速、稳定发展的新时期。两国高层互访频繁，经贸合作不断深化，越来越多的中国企业赴阿考察投资，2013年贸易总额达4.42亿美元，增长了22.44%，中国已成为阿尔巴尼亚第三大贸易伙伴。两国文化教育交流进一步扩大，中国残疾人艺术团、北京歌舞团、南京民乐团、中国武术代表团相继访阿演出，中国画院代表团、江苏名家代表团先后赴阿举办画展，地拉那大学孔子学院落成，汉语课教学进入阿尔巴尼亚中小学，中国国际广播电台阿语广播调频台在阿尔巴尼亚落地。

随着中国—中东欧国家合作机制的不断完善和发展，中阿两国关系正日益焕发出新的活力。

二、 中国与阿尔巴尼亚交往合作

（一）经济

2014年6月，阿经济发展、贸易和企业部部长阿赫梅塔伊来华出席中国—中东欧国家经贸促进部长级会议。7月，阿尔巴尼亚总统国际关系事务助理卡斯特拉蒂应邀参加中东欧国家高级别官员访华团。

2016年11月，中国商务部部长高虎城同阿尔巴尼亚外交部副部长贝洛尔塔亚在拉脱维亚里加共同签署《中华人民共和国商务部和阿尔巴尼亚共和国外交部关于人力资源开发合作谅解备忘录》。

（二）农业

2010年5月，阿尔巴尼亚农业、食品和消费者权益保护部部长鲁利来华出席上海世博会阿国家馆日活动。

2014年10月，中国农业部副部长牛盾访阿。

2016年10月，中国水利部部长陈雷在北京同阿尔巴尼亚农业部部长帕纳里蒂签署《中华人民共和国水利部与阿尔巴尼亚共和国农业农村发展和水资源管理部在水利领域合作谅解备忘录》。

（三）人文领域

1949—1954年中阿关系逐渐热络，双方开始互派留学生。中阿两国于1954年签署了政府间文化合作协定，此后双方陆续签署了8个年度交流计划。1991年，两国签署政府间文化、教育、科技合作协定。

2012年4月，阿尔巴尼亚教育和科学部部长塔法伊访华。6月，地拉那市长巴沙来华出席2012城市可持续发展北京论坛并对北京市进行友好访问。

2013年5月，中国国际广播电台调频台在阿尔巴尼亚落地。7月，中国—中东欧国家合作阿尔巴尼亚国家协调员、外交部副部长乔拉库来华出席中国-中东欧国家地方领导人会议。地拉那市、都拉斯市分别派员与会，都拉斯市与重庆市梁平区签署建立友好合作关系备忘录。10月，中国国家体育总局副局长冯建中访阿。11月，阿尔巴尼亚首家孔子学院揭牌成立，首批中小学汉语课堂正式开班。

2014年4月，阿尔巴尼亚记者参加中东欧国家记者团访华。5月，中国国际广播电台台长王庚年访阿。

2015年4月，中国国家新闻出版广电总局代表团访阿，双方签署《经典图书互译出版项目合作协议》。9月，中国河南省政协副主席史济春率河南省代表团访阿。阿尔巴尼亚文化部部长库姆巴罗、发罗拉市市长莱利和大区区长达纳伊访问扬州市。10月，阿尔巴尼亚总理拉马赴中国香港举办经贸招商及文化交流活动。12月，《习近平经典引句解读》阿文版出版发行仪式在地拉那举行。

2016年4月，阿斯库台大区、地拉那大区、都拉斯市、培拉特市代表团访华。6月，中国文化部副部长丁伟访阿，同阿方签署《中国文化部和阿尔巴尼亚文化部2014—2020年文化合作计划》。9月，阿尔巴尼亚文化部部长库姆巴罗赴华出席首届丝绸之路（敦煌）国际文化博览会开幕式。

两国文化教育交流进一步扩大，中国残疾人艺术团、北京歌舞团、南京民乐团、中国武术代表团相继访阿演出，中国画院代表团、江苏名家代表团先后赴阿举办画展。随着中国-中东欧国家合作机制的不断完善和发展，中阿两国关系正日益焕发出新的活力。

第八章 经济

概述

　　阿尔巴尼亚是第二次世界大战前欧洲最落后的农业国。1938年,工业在阿国民经济中的比重最高只达到9.8%,国内所需的工业产品几乎完全依靠进口。当时欧洲已普遍铺设铁路,在阿尔巴尼亚境内的铁路长度不足1千米。在第二次世界大战中,阿国民经济陷入瘫痪状态。

　　第二次世界大战之后的几十年间,阿尔巴尼亚工农业生产取得了较为迅速的发展。1951—1980年,阿尔巴尼亚工业年增长12%。到20世纪80年代中期,阿尔巴尼亚全国已建立起钢铁生产、化肥制造、制碱、制酸、玻璃制造、铜加工、造纸、塑料等多种新的工业部门。电力、煤、石油、机械、轻工、纺织、建材等部门的生产能力也大幅度提高。阿尔巴尼亚的主要矿产铬矿石的产量1957年为16.7万吨,1985年增加到110万吨,其产量位列世界第3位,出口量位列世界第2位。

　　阿尔巴尼亚的农业也取得了不小的成就。1976年11月,阿尔巴尼亚第一次宣布粮食自给,当年粮食总产量为87万吨,人均354千克。

　　进入20世纪90年代,阿尔巴尼亚的经济状况恶化。1992年国民生产总值为25亿美元,下降25%,农产品的产量只达正常年景的一半,工业生产下降60%。

　　1992年梅克西政府实行向市场经济过渡,在国有企业私有化、放开物价、改革税收和外贸体制等方面采取一系列行动，以改善经济环境。1993年实施经济体制转轨，即在农业方面实行土地私有化，在工业方面实行"小私有化"和"大私有化"，由此，阿尔巴尼亚私有化进程迅速，1993年农业实行私有化，全国耕地总面积的94%已经实现私有化。1996年私营经济所创产值占国内生产总值的75%。但由于阿尔巴尼亚经济基础薄弱，所面临的制约经济发展的因素仍然较多。1994—1996年，经济连续3年增长，1996年国内生产总值15亿美元。与此同时，吸引外资、加大劳务出口力度的政策已见成效，1996年已有40万劳动力出口，汇回的外汇达3亿~4亿美元，占国内生产总值的40%，劳务输出对象主要是邻国希腊和意大利，这帮助阿尔巴尼亚弥补了规模可观的贸易逆差。

以欧洲的标准来说，阿尔巴尼亚经济上比较贫穷落后，正在艰难地过渡到更加现代化的开放市场经济。2014年以后经济出现下滑，2014年GDP为132.28亿美元，2015年下降到113.87亿美元，2016年则缓慢增长到118.84亿美元，直到2017年还未能恢复到2014年的水平。根据世界银行数据，2017年阿尔巴尼亚的GDP为130.39亿美元。

第二节　农业

阿尔巴尼亚的自然条件有利于农业的发展。多样性的气候、各种类型的土壤、不同的地形条件为发展阿尔巴尼亚多样化的农业创造了条件。

一、农作物

阿尔巴尼亚约有88%的耕地用来种植农作物，即粮食、饲料、蔬菜及经济作物。主要粮食作物有玉米、小麦、燕麦、大麦、黑麦，玉米和小麦的种植面积占粮食作物种植面积的97%。

玉米在阿尔巴尼亚各地广泛种植，但50%以上的种植面积在其西部地区。小麦主要产于阿尔巴尼亚的平原地区，西部地势较低的地区（米泽切、都拉斯、斯库台和地拉那地区），科尔察盆地等。

阿尔巴尼亚种植的经济作物包括棉花、烟草、油橄榄、甜菜、向日葵、燕麦、啤酒花等。棉花多种于阿尔巴尼亚西部温暖的沿海平原，如费里、卢什涅、都拉斯。这些地区棉花的产量占全国的4/5。烟草在阿经济作物中的种植面积仅次于棉花，占第2位，在农产品出口中占第1位。烟草出口占阿尔巴尼亚出口总额的30%。在阿尔巴尼亚，烟草种植的传统地区是斯库台和爱尔巴桑，两地的烟草产量占阿尔巴尼亚全国产量的一半以上。

❧ 二、木本植物种植业

木本植物种植业是阿尔巴尼亚农业经济中的一个重要部门。阿尔巴尼亚木本植物种植业可分为三类：葡萄种植业、橄榄种植业和果树种植业。

阿尔巴尼亚较大的葡萄园大都建在地拉那、发罗拉、科尔察、费里、斯库台、卢什涅、都拉斯和培拉特等地，而盘架葡萄则大多种植在培拉特、斯库台、贝尔梅特、利布拉什德和斯克拉巴里等地。出产的葡萄中绝大部分作为水果进入消费市场，其余的则用来加工制酒。

阿尔巴尼亚的果树种植业发展很快，建有大型果园。果树种类繁多，有无花果、柑橘、石榴、扁桃、苹果、梨、李子、木瓜、樱桃等。由于自然条件的差异，全国各地果树数量的分布也极不平衡。

油橄榄是阿尔巴尼亚的主要经济作物。许多地方满山都是油橄榄树。橄榄油是阿尔巴尼亚主要的出口产品。

❧ 三、畜牧业

阿尔巴尼亚多山，适宜发展畜牧业。牛的饲养遍及阿尔巴尼亚全国，奶牛产奶量不高。牛饲养量绞大的地区是米泽切、都拉斯、科尔察区、迪伯尔和库克斯山区。

阿尔巴尼亚的养猪业发展比较快，斯库台区、科尔察区和米泽切区已是国内较有影响的养猪基地。

绵羊是阿尔巴尼亚饲养最广的家畜，遍及全国各地，尤以吉罗卡斯特州、发罗拉州、斯库台州、科尔察州、爱尔巴桑州、费里州和迪伯尔州最多。山羊的存栏量仅次于绵羊。

家禽养殖业、养蚕业、养蜂业在阿尔巴尼亚也较为普遍。在家禽中，饲养最多的是火鸡、鹅和鸭。

四、渔业

阿尔巴尼亚有广阔的水域，有利于渔业的发展。阿尔巴尼亚的捕捞区主要有亚得里亚海、伊奥尼亚海和沿海潟湖（卡拉瓦斯塔亚潟湖等）以及内陆湖和人工湖（如斯库台湖、奥赫里德湖、普雷斯帕湖等）。河流中布纳河的捕捞量最大。捕捞主要的鱼类有沙丁鱼、鲻鱼、狼鲈、鲤鱼、淡水鲑、鳗鱼等。

第三节　工业

阿尔巴尼亚是一个矿产资源比较丰富的国家，矿产品加工业在阿尔巴尼亚的工业中占有重要地位。

一、石油工业

石油是阿尔巴尼亚最主要的资源之一。在阿尔巴尼亚，对石油进行系统的地质研究、勘探在20世纪初就开始了，但对石油的工业利用却是1930年以后的事。

帕托斯-维索克产油区是最重要的石油开采区。帕托斯油田于1941年开始开采。从1956年起，帕托斯油田的采油量在阿尔巴尼亚国内一直占第一位。随着维索克油区的发现，帕托斯-维索克地区的产油量已占全国石油总产量的一半以上。

马里那兹油区是阿尔巴尼亚较为重要的油田之一。这里的油层深，原油质量好，油井出油率高。

斯大林城油区是阿尔巴尼亚第一个石油基地，1934年由意大利公司开始开采，并一直延续到1943年。斯大林城油区的采油量从开采直到1955年一直占第一位，后来采油量比重开始逐渐下降。

戈里什特油区、巴尔什油区也是阿尔巴尼亚重要的产油基地。

随着石油产量的增加，石油加工工业也跟着发展起来。第二次世界大战之后，阿尔巴尼亚就建立了由策里克、斯大林城、费里三个炼油厂组成的石油加工工业。在第四个五年计划里，斯大林城焦化厂投产，在巴尔什建立起一座生产能力为100万吨的石油综合精炼厂，这是阿尔巴尼亚石油加工工业中最大的企业。石油工业的发展带动了汽油、煤油、柴油、轻油、重油、润滑油、沥青等石油副产品生产的发展。

二、煤炭工业

阿尔巴尼亚有着较为丰富的煤炭储藏量，但是煤炭质量不高，以褐煤为主。其主要产煤区有：台佩莱纳附近的梅马利艾，科尔察附近的姆博列-德雷诺瓦，地拉那区的默泽斯、克腊伯、木斯切特、瓦利亚斯，都拉斯区的曼泽和波格拉德茨区的阿拉卢普等。其中，瓦利亚斯矿是阿尔巴尼亚最大的煤矿。在煤炭开采量不断增加的同时，煤球厂、大型选煤厂等也随之发展起来。

三、矿业

阿尔巴尼亚蕴藏着丰富的铁、铬、铜等矿产资源。铁矿开采工业集中在波格拉德茨区（切尔维纳卡、拉多卡尔）和利布拉什德区（比什卡什、布什特里策）。这些地区开采的铁矿石，含铁量平均为44%~45%，含镍量为1%，因此又被称为镍铁开采工业。阿尔巴尼亚在第五个五年计划（1971—1975）期间建立了一座大型钢铁联合企业，每年能加工80万吨镍铁矿，生产25万吨钢。

铬的储藏量居欧洲第2位。铬矿主要分布在布尔奇泽、马尔达奈什、特罗波亚-克鲁默-库克斯和波格拉德茨等地区。中部地区开采的矿石，含铬量平均为40%~43%，而北部地区开采的矿石含铬量略少一些，为34%~38%。布雷利铬矿冶炼厂是阿尔巴尼亚铬矿冶炼企业中最大的一个。

铜的主要产区有库尔布奈什、卡奇纳尔、斯帕奇（勒申区），卡巴什、图奇、波罗维（普克区），杰兼、锡拉（库克斯区），这些产地矿石的含铜量为0.3%~3%。

鲁比克、库克斯和拉奇的炼铜厂是阿尔巴尼亚重要的铜冶炼厂。阿尔巴尼亚的铜和铜线不仅能自给，还向世界上许多国家出口。

阿尔巴尼亚生产的沥青熔点高达118 ℃，质量非常好。它是阿尔巴尼亚除石油、铬矿外较为重要的出口原料之一。阿尔巴尼亚沥青开采主要分布在塞列尼策、雷苏拉伊村和维约萨河岸等地。

四、电力工业

阿尔巴尼亚现有两种发电站，即火力发电站和水力发电站。除维斯库奇水电站外，阿尔巴尼亚所有的水电站、热电厂都是第二次世界大战以后修建的。阿尔巴尼亚重要的热电厂有地拉那热电厂、马利奇热电厂、策里克热电厂、发罗拉热电厂、斯大林城热电厂、费里热电厂和科尔察热电厂等。其中前4个热电厂的装机容量各为3 000~5 200千瓦。费里热电厂是阿尔巴尼亚最大的热电厂，发电能力为10万千瓦。

阿尔巴尼亚拥有丰富的水力资源，利用水力发电是阿电力工业最重要的发展方向。重要的水电站有：列宁水电站（装机容量5 000千瓦，是阿尔巴尼亚建立的第一个水电站）、卡尔·马克思水电站（装机容量为2.5万千瓦）、弗·恩格斯水电站（装机容量为2.4万千瓦）、约·维·斯大林水电站（装机容量为2.25万千瓦）、毛泽东水电站（装机容量为25万千瓦）、费里泽水电站（装机容量为40万千瓦）。其中费里泽水电站有一座高150米的大坝和储水量为25亿立方米的水库。除此之外，阿尔巴尼亚还拥有众多的小型水力发电站，它们是阿尔巴尼亚电力工业的重要组成部分，其发电量占总发电量的85%。阿尔巴尼亚电力自给有余，并出口至保加利亚、希腊、奥地利等国。

五、化学工业

化学工业是现代化工业中最重要的部门之一。阿尔巴尼亚丰富的矿物资源为其化学工业的发展提供了充足的原材料。阿尔巴尼亚的化学工业起步较晚，从实施第三个五年计划时才开始。较大的企业有：拉奇硫酸制造厂，年产量4万吨；拉奇磷酸钙化肥厂，年产量15万吨；费里的"果戈·努什"硝酸铵厂，年产量11万吨；发罗拉碱厂，生产食用碱和烧碱，其产量除满足国内需要外，还能部分出口。

六、建材工业

阿尔巴尼亚的建筑材料工业种类比较齐全，主要由水泥、石灰、石膏、陶瓷、玻璃制造和木材加工等部门组成。

富舍克鲁亚水泥厂的水泥年产量为30万吨，爱尔巴桑水泥厂年产量为20万吨，地拉那水泥厂年产量为1.3万吨，斯库台水泥厂年产量为1.5万吨。这些水泥厂都采取机械化和自动化的生产。

石灰的产地分布很广，在克鲁亚、佩什科比、地拉那、爱尔巴桑、科尔察和波格拉德茨等地都分布有生产石灰的石灰窑。爱尔巴桑的大型石灰厂石灰的年产量达35万吨。

在玻璃制造工业中，地拉那和科尔察各有一个年产量3 000吨的玻璃厂。卡瓦耶有一个年产150万平方米平板玻璃的大型玻璃厂。地拉那约瑟夫·巴什科建筑材料企业是阿尔巴尼亚生产预制件产品最大的企业。

七、工艺品制造业

阿尔巴尼亚的工艺制品，以其丰富的色彩、鲜明的民族特色和精巧的手艺，在国际上深受欢迎。阿尔巴尼亚的工艺制品主要有壁毯、地毯、首饰、烟嘴、雕刻品（木雕、石雕、石膏雕塑）、麦秆编织、镀金制品、织袜、芦苇编织等。地拉那、科尔察和斯库台是阿尔巴尼亚工艺制品生产的中心。

第四节　　旅游业

一、概述

阿尔巴尼亚政府将旅游业作为优先发展的产业。自2006年以来，阿尔巴尼亚的旅游收入增长较快，2006年旅游收入为10.57亿美元，2007年增长将近50%，达到14.79亿美元，2008年比2007年又增长了将近4亿美元，达到18.48亿美元，2009年达到峰值20.14亿美元。2010年到2015年基本上稳定在16亿美元以上，其间有小幅波动。

2011年，阿尔巴尼亚入境的外国游客约有273万人次，同比增长18.7%。游客主要来自北马其顿、黑山、希腊、意大利等国。2015年，阿尔巴尼亚入境外国游客413万人次，同比增长4.5%。游客主要来自北马其顿、希腊、黑山、意大利等国。

阿尔巴尼亚历史悠久，地接东西，气候宜人，山灵水秀，风景优美，拥有澄净碧蓝的峡湾大海、四季常青的丘陵平原、皑皑积雪的叠嶂山峦。因此，阿尔巴尼亚发展旅游业有着得天独厚的优势。2011年，阿尔巴尼亚被全球最大的旅游手册出版商"孤独星球"评为2011年最值得旅游的国家之一。2012年2月，世界最早的旅游公司之一的考克斯金在其旅游展望中，将阿尔巴尼亚列为2012年最值得旅游的目的国之一，名列第四位。2014年1月，阿尔巴尼亚海滩被美国《纽约时报》选为2014年最值得旅游的地方之一。

❧ 二、著名景点

阿尔巴尼亚历史悠久，长期受到外族的统治，因此很多城市建筑具有异族风格。一些城市因此还被联合国教科文组织列入《世界文化遗产名录》。阿尔巴尼亚有2座城市被列为世界文化遗产，一个是位于阿西南部海角处的布特林特，还有一个是"石头之城"——吉罗卡斯特。

除此之外，具有考古意义的历史名城还有"古罗马遗迹"——阿波洛尼亚、"御敌古堡"——克鲁亚、"千窗之城"——贝拉特。

阿尔巴尼亚的地理主要为山地和丘陵，加之临海，地势落差大，湖泊较多，森林覆盖率高，风景秀丽，开辟了很多国家公园，有的甚至被列为世界自然遗产，如奥赫里德湖的奥赫里德镇，1980年被列为世界自然遗产，还被誉为"巴尔干明珠"。斯库台湖因为生态环境好，大量鸟类聚集，被誉为"鸟类天堂"。位于阿尔巴尼亚首都地拉那市东部的达依特国家公园，因为空气清新，被誉为"地拉那氧吧"和天然阳台。地处阿尔巴尼亚中部的都拉斯，因为在拜占庭统治时期，地中海各地的船舶均汇集于此，娱乐场所遍布坊间，因而曾有"亚得里亚的客栈"和"亚得里亚海上花坛"的美誉。位于阿尔巴尼亚境内阿尔卑斯山腹地的塞斯国家公园，因为以前这里人迹罕至，近年才逐步开发出来，处处呈现出一种诱人的原始风貌，因此博得了"世外桃源"的美誉。

第五节   交通运输业

在阿尔巴尼亚的交通运输业中，公路运输无论其长度、货运和客运的数量都占第一位。1944年，阿尔巴尼亚的公路总长只有2 230千米，到20世纪80年代初，公路总长度达4 900千米。20世纪90年代中期有公路7 800千米。阿尔巴尼亚的公路分为：现代化的沥青路、终年可以通行的鹅卵石公路、每年大部分时间可通行的林区公路和地方公路。

铁路运输在客运量和货运量上占阿尔巴尼亚陆地运输的第二位。从1947年修筑第一条铁路起，至20世纪90年代中期，铁路长度已达720多千米。现在，地拉那、都拉斯、爱尔巴桑和拉奇等重要城市都有铁路相连；主要的矿山基地，如爱尔巴桑同皮什卡什的镍铁矿区，也有铁路与大城市连接在一起；此外，还有一条国际铁路线，即西欧的斯库台（阿尔巴尼亚）—波德戈里察（黑山）铁路线。

亚得里亚海和伊奥尼亚海广阔的出海口，为阿尔巴尼亚发展海洋运输业提供了有利条件。海运在阿尔巴尼亚同国外的货物运输量方面占第一位。货物运输主要通过都拉斯港、发罗拉港、萨兰达港和申津港。都拉斯港是阿尔巴尼亚最重要的港口，国内80%需海运的货物都是通过该港口运输的。同时，通过国内的各个港口内港运输量也有所增长。

首都地拉那的里那斯设有民用机场，有通往雅典、罗马、维也纳、贝尔格莱德、伊斯坦布尔、布达佩斯、布加勒斯特、柏林和苏黎世等城市的国际航线。

第六节   对外贸易

❖ 一、与邻国的贸易概况

考虑到自身的安全和经济利益，阿尔巴尼亚首先发展同邻国的贸易关系。早在 20 世纪 70 年代，阿尔巴尼亚便发展与南斯拉夫的贸易。为了从南斯拉夫换回钢、钢管和发电设备等急需货物，阿国增加了对南斯拉夫的商品出口。除了向南斯拉夫出口铬矿石、镍、铜、纺织品和农产品以外，阿尔巴尼亚还向南斯拉夫输送一部分电力。

希腊是同阿尔巴尼亚交往最多的国家之一。1978 年两国开辟的地拉那—雅典航线，为双方往来提供了方便。阿尔巴尼亚从希腊进口的商品主要有矿石、钢、化学产品、棉花、大米和小麦等，出口到希腊的主要产品有石油、沥青、皮革和农产品。

据阿尔巴尼亚国家统计局 2016 年 12 月 28 日发布的数据，2016 年 11 月，阿尔巴尼亚对外贸易总额为 721.64 亿列克（约合 5.74 亿美元，以阿央行公布的 2016 年 11 月美元兑列克平均汇率 125.77 计算，下同），同比增长 5.4%，环比增长 0.9%。其中，出口额 228.57 亿列克（约 1.82 亿美元），同比增长 17.4%，环比增长 5.4%；进口额 493.07 亿列克（约 3.92 亿美元），同比增长 0.6%，环比下降 1.0%；贸易逆差 264.50 亿列克（约 2.10 亿美元），同比下降 10.5%，环比下降 6.0%。

2016 年 11 月，阿尔巴尼亚主要出口商品为：纺织品和鞋类（占比 39.6%），矿物、燃料和电力（占比 22.5%），食品、饮料和烟草（占比 12.1%）；主要进口商品为：机械设备和零部件（占比 24.0%），食品、饮料和烟草（占比 17.0%），纺织品和鞋类（占比 14.7%）。

2016 年 11 月，阿尔巴尼亚前五大贸易伙伴分别为意大利（占比 36.4%）、中国（占比 7.5%）、希腊（占比 6.6%）、土耳其（占比 6.3%）和德国（占比 6.0%）；前五大出口目的地分别为意大利（占比 52.9%）、科索沃地区（占比 5.9%）、中国（占比 5.4%）、希腊（占比 4.1%）和西班牙（占比 3.9%）；前五大进口来源地分别为意大利（占比 28.7%）、中国（占比 8.4%）、土耳其（占比 8.2%）、希腊（占比 7.8%）和德国（占比 7.2%）。2016 年 11 月，阿尔巴尼亚与欧盟成员国的贸易额占其外贸总额的 64.6%，其中对欧盟各国的出口额占阿出口总额的 73.4%，自欧盟进口额占阿尔巴尼亚进口总额的 60.5%。

二、与邻国的贸易前景

2016 年以来，随着阿国政府实施宽松货币政策以刺激内需，并加大在养老金、能源等领域的结构性改革力度，积极推进跨亚得里亚海输气管道等重大跨国基础设施互联互通项目，阿尔巴尼亚经济形势明显好转。2016年阿尔巴尼亚实际GDP增速为3.4%，2017年进一步上升至3.7%，经济回升态势明显，已经成为西巴尔干半岛地区经济增速最快的经济体。

　　阿尔巴尼亚制造业竞争力较弱，主要出口资源型产品和劳动密集型产品，大部分工业制成品和消费品均严重依赖进口，长期存在较大贸易逆差。2016年以来，阿尔巴尼亚经济增长势头良好导致进口额大幅度增长，但大宗商品价格整体仍处相对低位，显著制约着阿尔巴尼亚的出口增长，并会影响阿尔巴尼亚对外贸易逆差的进一步扩大。

下篇

第九章　阿尔巴尼亚的经济体制改革

第一节　经济体制改革的国内外环境

❖ 一、经济体制改革的国内环境

　　1944年以前的阿尔巴尼亚是欧洲少有的半殖民地半封建国家，资本主义还没有真正发展起来，经济十分落后。二十世纪二三十年代，阿尔巴尼亚的工业还处于手工作坊阶段。意大利法西斯武装占领（1939年4月）前的1938年，阿尔巴尼亚全国有企业和作坊432个，其中小作坊就占88%以上；工业产值仅占工农业总产值的9.8%，工业和建筑业占国民收入的4.5%。与此同时，阿尔巴尼亚农业还停留在刀耕火种式的落后状态。

　　当时，阿尔巴尼亚全国人口的85%以上是文盲，80%的农村没有小学，城市仅有11所中学或职业学校，没有高等院校。受过高等教育的知识分子仅有380名，且都是从国外学成回来的。

　　1944年以前，阿尔巴尼亚的封建主义和地方主义相当严重，各地长期被封建大家族割据，国家四分五裂。自1944年获得解放后，阿尔巴尼亚仿照苏联对本国经济进行了社会主义改造，建立了高度集中的计划经济体制。二十世纪五六十年代，为了能建成社会主义的经济基础，政府要求提高公有制的比重，于是先后把供销合作社纳入国营商业系统，把手工业合作社改组为国营企业。国家通过专管的形式控制了国内商业和对外贸易，对其他企业也实行国家监督，以后又将其收归国有。1946年宪法规定，一切矿山及其他蕴藏的财富、水利资源、森林、牧场、航空领域、铁道、海上运输工具、广播电台以及银行等，均为全民财产。到1947年年底，在工业总产值中社会主义公有制经济已占比97%。在农村，政府实行了土地改革，没收了大地主的土地，并开始组织合作社。到1960年，全国除山区外，已基本实现了农业集体化；20世纪50年代末，农业集体化刚基本完成，阿尔巴尼亚劳动党就要求把小社合并组成大社；20世纪60年代中期，全国完成了农业合作化；第五次代表大会后，山区和边远地区全部实现集体化，取消了国营农场职工的自留地。农业社员自留地面积减少50%~60%，自留牲畜头数减少50%；1971年，霍查进一步提出要使集体所有制的农业合作社向全民所有制的国营农场靠拢，并最后转化为国营农场；与此同时，提出要把牲畜集中到社里实行集体饲养。

1976年12月通过的宪法中明确规定禁止在阿尔巴尼亚建立外国的经济、财政金融公司和机构，禁止同外国建立共同的经济、财政金融公司和机构，在对外经济交往中拒绝接受一切的贷款。

1985年4月11日，霍查因病去世，阿利雅接任了阿尔巴尼亚劳动党第一书记的职务。在开始时，他表示要"沿着霍查的道路前进"，反对市场竞争、引进外资和建立合资公司。

阿尔巴尼亚的国家计划在社会主义经济中处于第一位的地位。通过计划，国家集中管理生产、分配，乃至整个经济生活，行使它的经济组织职能。国家计划必须反映劳动党的路线和经济政策。国家主要通过计划指标来管理经济，贯彻经济政策，最终完成经济任务。如1986年，仅国家规定的农业指标就达220个，实际下达约340个。在国家计划的基础上，1952年起还实行合同制，即各有关企业之间和有关企业与机关之间均根据国家年度计划任务签订供应、分配、销售、运输、建筑、出口、进口、服务等协议或合同。

长期以来，阿尔巴尼亚劳动党坚持认为，在政权问题解决的基础上，革命的首要任务是要在所有经济部门消灭私有制，建立生产资料的社会主义公有制。

所有制改革是社会主义国家经济体制改革进程中的一项基本内容，而公有制在计划经济体制中占据主导地位。高纯度的公有制与高度集中的计划经济体制是具有密切关系的，可以说，它们是各自产生的条件之一。要想在资源短缺的情况下充分有效地调动和控制经济，就必然要求生产资料公有，由国家操控生产、分配、交换和消费的各个环节。此外，随着社会主义改造的进行，个人失去对生产资料的所有权，客观上就需要由国家作为所有者去经营生产资料，但国家是由各级政府机关组成的，所以就要求建立以行政命令为指导的计划经济体制。

但是由于改革长期脱离国家贫穷落后这个现实，把科学社会主义的基本原理当作教条，机械地照搬别国建设中的具体经验，阿尔巴尼亚在国家经济建设中犯下了如忽视了实现社会主义的理想和目标有它特有的阶段性，超越生产力落后的现实，片面强调建立社会主义公有制的生产关系，片面强调社会主义经济只能是集中、统一的计划经济，脱离国情发展重工业，片面强调整体实际利益，损害群众的实际利益等一系列重大错误，放大了计划经济的弊端，导致国民生产持续下降。

❀ 二、经济体制改革的国际环境

（一）　社会主义国家的改革

1991 年 12 月 25 日，苏联宣告解体，标志着冷战的两极格局结束。苏联的解体导致了一些独立的主权国家的出现，欧洲及全世界的地缘政治形势发生了根本改变。苏联解体后，承接苏联衣钵的俄罗斯开始向市场经济国家转型。俄罗斯的社会转型对中东欧形成多米诺骨牌效应，导致中东欧的匈牙利、波兰、保加利亚等国家纷纷转型，从社会主义计划经济体制向市场经济体制转变。

各社会主义国家的改革都在不同程度上承认多种经济成分并存的重要性，即个体所有制可以和公有制并存；强调不应急于使不同的所有制向单一的全民所有制过渡；承认市场机制的作用；在保持宏观控制的同时，扩大企业的自主权，减少指令性计划，增加指导性计划，采用经济手段领导经济，扩大群众组织和地方的权力，实施管理民主化。

（二）　西方国家的施压

东欧邻国的剧变对阿尔巴尼亚冲击极大。在东欧国家像多米诺骨牌倒塌一样纷纷变化的时候，西方舆论开始盯住阿尔巴尼亚，给它施加压力。德国有意对阿尔巴尼亚冷淡起来。邻国希腊在新民主党上台后也改变了对阿尔巴尼亚友好的政策。流亡南非多年的前国王的儿子莱卡也在进行反对阿尔巴尼亚政府、复辟旧王朝的活动。

第二节　　改革的内容和过程

一、改革的内容

自1990年年底的民主化进程开始以来，阿尔巴尼亚陷入了空前的混乱，30万人逃往国外（约占全国人口的1/10）。工人罢工，学生罢课，社会秩序失控，许多城市接连发生打、砸、抢、烧等骚扰事件。大批工厂、企业停产，机器设备遭到破坏，零部件被工人拆下拿走大部分。铁路和公交线路停开，道路两旁的树木被人们砍倒当柴烧，上千座学校和建筑物被毁坏。农村无政府主义泛滥，农民抢夺合作社的土地、牲畜，私自把集体的农作物占为己有，在未成熟的庄稼地里放牧，大片苹果园和葡萄园被毁，粮食产量从1989年的92.8万吨下降到1991年的37万吨，人均口粮只有240千克，全靠西方运送的紧急食品援助才能勉强维持居民的生活。国家遭受的经济损失比第二次世界大战造成的损失还严重。

1991年10月阿尔巴尼亚议会通过了经济改革方案，决定采取紧缩银根的政策，削减投资和行政开支，对燃料和电力加税，争取国外贷款，以稳定经济。政府放开了一些商品价格，把合作社的土地分给农民，并准备放开外贸，调整税收，关闭亏损企业，将部分重工业企业转为与外资合营，并在6个月内通过拍卖实现大部分商业、服务业和交通运输业等小企业的私有化，同时着手制定股份公司章程，在3年内将未倒闭的工业企业的一半转化为股份制企业。

由于党派纷争激烈，政府处于瘫痪状态，该经济改革方案的大部分内容未能落实。民主党、共和党和社会民主党等反对派不断举行集会，要求阿利雅辞去总统职务和提前举行大选，并于1991年12月退出多党联合政府，迫使阿利雅同意在1992年3月提前进行大选。大选的结果是民主党以65.71%的多数票赢得胜利，击败了社会党。阿利雅于1992年4月4日向新选出的议会辞去总统职务，由民主党人贝里沙接任总统职务。

新上台的民主党政府在国际货币基金组织和美国及欧共体顾问的指导下制定了《阿尔巴尼亚经济改革短期战略和实施措施》，推行以放开物价和紧缩银根为主要内容的"休克疗法"。

（1）整顿社会秩序，通过相关法律，恢复政府权威。在议会的协助下，政府整顿了社会秩序，使各级行政机构恢复权威，重新行使职能，并制定和通过了140多项法律，如社会救济法、新国营企业法、工资法、物价和关税法、外国投资法、完善私有法、企业破产法、知识产权法、商标法、专利与发明法、消费者保护法、反垄断法、税收法修正案和土地法修正案等。在这些法律的基础上，政府开始实施经济改革。

（2）放开价格，取消价格补贴。从1992年7月1日起，民主党政府大幅度提高物价和放开部分商品价格。面包、食用油、食用糖、大米、食用盐、肥皂等12种生活必需品的价格提高了3~5倍，而且实行定量供应。肉类及肉制品、奶类及奶制品、煤、化肥等价格放开，由市场供求关系确定。1993年1月，政府再次调整价格，汽油、柴油、药品、水电费、交通费、邮电费、中小学课本及房租大幅度提价，同时放开了食用油、食用糖、大米、肥皂的价格。通过价格改革，政府取消了大部分价格补贴。

（3）政府压缩投资，缩减政府开支。投资压缩到1991年的1/3，仅相当于1966—1967年的水平。预算部门工资基金减少18%~20%，军队开支减少30%以上，文化、教育、卫生部门开支按1991年水平确定，不足部分由国外援助解决。国家对工资进行冻结，裁减剩余劳动力，取消待业者领取80%工资的规定，失业者6个月可领取以前工资的60%，之后6个月只领取失业救济。中央银行彻底改组，成为政策性银行，只同商业银行和国家预算发生关系，负责监督金融政策。商业银行从事贷款业务。国家严格控制贷款额度，贷款对象由亏损的国营企业转向私人小企业，国营企业同国家预算脱钩，不再接受国家补贴。

（4）改革税收制度，增加税收收入。1992年的预算支出为280.91

亿列克,其中52%来自税收,36%来自外国政府无偿援助和贷款。政府增加了工业循环用水税,矿山周转税提高了1%~5%,关税提高了10%~15%,外国人出境须付10美元机场费,本国人则付等值列克。

(5)实施私有化政策。社会党联合政府执政期间,解散了农业合作社和国营农场,并根据土地法将土地分给农民。到1992年4月,已有68%的土地被分配给农民。民主党上台后,对土地法进行了修改。原土地所有者要求归还全部土地,但政府考虑到50年内农村人口增加了3倍,全部退赔将使大部分农户得不到土地,决定对原土地所有者按中农水平进行赔偿。1992年9月,政府还决定将国营农场改组为股份制企业和私营企业。原先由农业社升级而来的国营农场土地分给社员,由排沼、开荒而建的农场改为与国外合资农场,果园则分片卖给农艺师经营。每个农民可分到300~3 000平方米的土地。到1993年年底,农业的私有化基本完成,92%的合作社和75%的国营农场已完成了私有化改造,建立起42万个私人农场。尽管当时阿尔巴尼亚的粮食还依赖外国援助,但在土地私有化后,农民的生产积极性大为提高,1993年的农产品产量比1992年增长了20%,乳制品增长了30%,粮食产量增长了50%。政府对农业的发展寄予极大的希望,政府制订的1994—1996年计划要求农业保持10%的年增长率。为了支持农业部门,国家还进口了1 800多台拖拉机和50台联合收割机,并建立了7个农机零售和维修中心。

国营企业的私有化分为三步:第一步是商业、服务业、运输业和渔业的私有化,即小私有化,到1993年6月,小私有化已基本完成;第二步是轻工业和食品工业的私有化,从1993年开始实行;第三步是重工业的私有化,大约需要4~5年的时间。

(6)政府实行对外开放,改革外贸体制。阿尔巴尼亚取消了国家对外贸的垄断,允许所有法人从事外贸,逐步减少和取消许可证制度,除药品、武器、战略物资及危及国家主权的物资进口需许可证外,其他物资进口全部开放,出口产品中仅极少数品种需要许可证,主要是为了保护国家财产和防止援阿尔巴尼亚食品再出口,出口许可证的管理范围已从原来的44种减少到18种。1993年私营企业的进出口额占了外贸总额的一半以上,国营外贸公司也摆脱了对中央各部的依赖,独立经营,经贸部取消了对它们的预算补贴和特权。政府通过调整税率来限制原材料的出口，鼓励成品和半成品的出口。

（7）给予外国投资者便利，吸引国外投资。阿尔巴尼亚于1993年年初成立了直属部长会议的投资中心，修改了《外资法》，规定外国投资头5年完全免税，其后5年享受50%的税收优惠。进口所需原料设备可免交关税，注册外资及其利润可自由转移出国。到1993年年底，外国投资已达3亿美元，在制革、制鞋、食品加工、运输、建筑和旅游部门兴办了数百家合资或独资企业。为了吸引西方游客和便利外国投资者，政府规定：美国、加拿大、欧盟国家的公民来阿尔巴尼亚免予签证，并开通了与意大利、希腊、斯洛文尼亚等国的轮渡业务，增加了飞机航班，使年客运量由过去的2万人次增加到1993年的13万人次。

民主党政府采取紧缩银根和预算的"休克疗法"，阻止了物价的上涨，财政收支状况开始好转，1991年的通货膨胀率为600%，1992年降到226%。

阿尔巴尼亚的"休克疗法"之所以能够取得成功，是由以下因素决定的：经济起点低，国际上的大量援助和国外移民的侨汇，使居民能承受放开价格和取消补贴所带来的冲击，较快度过了经济转轨的最困难时期。

❦ 二、改革的过程

阿尔巴尼亚的改革出现了两次高潮。第一次高潮是以劳动党八中、九中、十中全会为标志。劳动党在政策上强调要加强党的领导与建设，以及"要从东欧事件中吸取教训"，防范东欧之变在阿尔巴尼亚重演。劳动党中央告诫全党"不在意识形态和思想领域向资产阶级让步，不放弃公有制，不搞政治多元化并大力提高党员、群众思想水平"。

第二个高潮是以阿尔巴尼亚劳动党的十三中全会和全国代表会议为标志。阿尔巴尼亚劳动党在党的指导思想、政党制度、政治、司法以及经济等方面实施了一系列重大改革措施。关于劳动党的指导思想，阿利雅在劳动党的全国代表会议上指出："因为在国内政治舞台上，受到不同于我们思想政治纲领的政党的竞争。在这样的条件下，党更需要更新思想，需要重新认识其实现社会主义的思想。阿尔巴尼亚共产党人有信心和决心去吸收当代最先进的政治思想，同时也有能力去实现这些思想。"政党方面，支持多元化并实行多党制。政治方面，在不损害人民政权和社会主义价值观的前提下，完善政治体制，加速民主化进程。从整体上看，变革突破了霍查时代的许多禁区，使阿尔巴尼亚的改革步入了新的阶段。

第三节　改革的效果及存在的问题

❀ 一、改革的效果

自1989年以来，阿尔巴尼亚的改革在政治、经济、外交等领域收到了一定的成效。

（1）在政治上，大大加快了民主化的进程。议会首脑选举一位无党派人士担任最高法院院长；文艺界思想日趋活跃；公民在家庭中进行宗教活动不再受到干涉；放宽了出国护照和入境签证发放限制。

（2）在经济上，旧的经济体制逐渐被新的经济体制取代。人民生产积极性有所提高，并全面恢复了农业私有经济，开放了自由市场。经济形势有所好转，主要表现为通货膨胀急剧下降、农业产量增长、工业生产已停止下降。1990年阿尔巴尼亚国民生产总值下降10%，1991年下降35%，1992年下降8%，1993年上涨11%。

（3）在外交上，全方位参加国际交往。阿尔巴尼亚政府邀请了联合国秘书长德奎利亚尔访阿，予以高规格的接待，并表示要大力支持联合国的工作，积极开展同联合国的合作；同年，阿尔巴尼亚被同意以观察员的身份出席欧安会的一些会议，之后便以此身份参加了在巴黎召开的欧安会高级首脑会议；部长会议主席查尔查尼访问了土耳其，强调发展同土耳其等国的睦邻友好关系。1990年7月30日，阿尔巴尼亚和苏联经过谈判，在地拉那签署了阿苏关系正常化协议书，恢复了两国中断29年的外交关系。1990年，阿利雅主席出席了第四十五届联大和世界儿童问题首脑会议，其间会见了美国、联邦德国、土耳其、罗马尼亚和坦桑尼亚五个国家的总统，以及意大利、芬兰两国总理，阐述了阿尔巴尼亚现行的内外政策，表示要积极发展对外关系；

同年，中国外交部副部长田曾佩应邀访问阿尔巴尼亚；在中国国庆时，阿报十多年来首次载文赞扬了中国建设的成就，介绍阿中关系发展状况。

二、改革存在的问题

阿尔巴尼亚经济改革已初见成效，但仍面临不少有待解决的重大问题和矛盾。这些问题包括：加快经济发展的目标同资金和技术短缺的矛盾日益尖锐；人民要求尽快提高物质和文化生活水平的愿望同经济发展速度缓慢的矛盾也很突出；在理论上和实践中尚未处理好国家机构与经济部门之间的关系。

第十章　阿尔巴尼亚能源发展状况及存在的问题

第一节 化石能源发展状况

阿尔巴尼亚化石能源资源十分丰富，主要石化矿产有石油、天然气、沥青、褐煤等。石油、天然气、煤炭和沥青位于该国西南部地区的沉积岩层中。化石能源很早就被发现并利用到现在。化石能源资源的勘测、开发和加工是阿尔巴尼亚经济的重要组成部分，传统的采矿业是阿尔巴尼亚国家经济部门的坚实基础，创造了巨大的收益。煤炭是阿尔巴尼亚开采和出口的主要资源。

一、煤炭资源的发展状况

阿尔巴尼亚发现和开采的煤炭主要是褐煤。阿尔巴尼亚地质学家通过勘探，发现阿尔巴尼亚共有14个含煤矿床，分布在从托罗波亚到萨兰达的广大地区，其中有7个矿床各种矿物质成分混杂，蕴藏深度也不利于开采。

1. 煤炭资源的储备

从总储量看，阿尔巴尼亚的煤矿储量估计为几亿吨，大约85%的储量位于地拉那含煤矿床，约9.2%在摩拉维亚和戈尔莫克拉矿床，约4.4%在梅马利艾的矿床中。

但要指出的是，阿尔巴尼亚的大部分煤矿储量已经在1995年之前开采完毕，这些煤炭主要被用来发电。2008年又发现了两个煤矿。

2. 煤炭资源的生产

1971—1989 年，阿尔巴尼亚煤炭产量逐年增加，1971 年大约为 30 万吨，1989 年达到峰值，大概 80 万吨。然后迅速下降，到 1995 年基本开采完。自 2008 年开始有少量煤炭供应。

二、石油资源的发展状况

1. 石油资源的储备

据阿尔巴尼亚国家自然资源署估计，阿尔巴尼亚陆上石油储量约为 2.6 亿吨，其中 5 400 万吨被认为是可采储量。海上储量为 2 亿吨，其中可采储量约为 5 000 万吨。2014 年年初，国际石油和天然气公司玛纳斯石油能源宣布在阿尔巴尼亚境内发现新的石油矿藏，其持有 25%股权，其余股权由壳牌公司持有。

2. 石油生产

阿尔巴尼亚的石油生产始于 1928 年，此后石油资源一直以来都是阿尔巴尼亚的主要消费能源。该国拥有欧洲最大的陆上油田之一——帕托斯–马林扎油田。1974 年实现最大石油生产量，每年生产约 25.5 万吨石油。

1971—1990 年，阿尔巴尼亚石油供给大概占到总能源供给的 1/3；1991—1998 年，石油供给有所减少，但因为煤炭供给停止，石油供给占比依然保持在 1/3 的比重；自 1999 年之后，石油供给大幅增加，此后一直保持在一半以上；2015 年石油供给占比为 57.7%。

近些年来，阿尔巴尼亚从事石油产业的 34 家企业的从业人员约为 2.5 万人，其中高级和中级专家约 2 800 人。阿尔巴尼亚具有较高的海上石油开采潜力，并通过立法为油气勘探创造机会，旨在吸引外资从事油田开发，生产石油和天然气。1999 年以来，阿尔巴尼亚原油产量不断增加。2014 年达到 132 万吨，而 2004 年仅为 40 万吨，但阿尔巴尼亚近 10 年来石油加工量却波动较大。

三、天然气资源的发展状况

1. 天然气资源的储备

天然气历来是阿尔巴尼亚的重要能源，阿尔巴尼亚天然气储量估计为 224 亿立方米，主要集中在库乔韦和帕托斯地区。

阿尔巴尼亚最早于1963年开始在瓦罗拉-爱尔巴桑地区进行天然气开采。1964年发现了迪夫亚卡的天然气资源，其后在其他地区也相继发现天然气资源，如1972年在富卡拉，1974年在菲尼-珂润，1983年在布莱恩，1987年在皮塞卡，1989年在黛尤万。但1985年以后，阿尔巴尼亚的天然气储量不断下降。

2. 天然气资源的开采和消费

20世纪80年代末期，阿尔巴尼亚全国的天然气每年开采量约60万立方米，其中化肥厂消耗40%左右，发电站消耗约15%。

由于生产水平较低，阿尔巴尼亚对天然气的利用率较低。在1990年以后阿尔巴尼亚天然气使用率降到了历史最低水平，仅占其国内能源消耗的1%左右。

由于缺乏新的发现，同时缺乏新的资金投入，阿尔巴尼亚政府加大了石油、天然气领域的招商引资力度。阿尔巴尼亚政府不仅向班克斯石油公司、溪流石油天然气公司和舍伍德公司、韦索卡国际电工等国际公司授权开发石油和天然气，还为海上和离岸油气勘探签发了若干协议，而且还有几个陆上和海上新区块项目正在谈判中。

由于阿尔巴尼亚天然气网络与国际天然气网络系统没有连通，目前不能从国际市场上进口天然气。当务之急就是将阿尔巴尼亚天然气网络与欧洲天然气网络连通。"亚得里亚海管道"（TAP）项目已经获得欧盟委员会的批准。该管道起于希腊，通过阿尔巴尼亚和亚得里亚海把里海的天然气输送到欧洲，目的是向里海开通新的"南方天然气走廊"，进口阿塞拜疆的天然气。阿尔巴尼亚可以利用其通道进口天然气。2016年9月8日，该项目在阿尔巴尼亚境内的部分在斯皮塔勒施工。2018年2月6日欧洲投资银行第一次董事会宣布为该项目提供15亿欧元支持。

第二节　清洁能源发展状况

阿尔巴尼亚的清洁能源开发和利用状况较好，主要有水电资源、风力资源、太阳能和生物质能四大类型。阿尔巴尼亚没有发展和利用核能，没有利用核电的计划，并且其国内也并无铀矿。

一、水电资源的开发状况

1. 水电资源的潜能

阿尔巴尼亚的河流和山溪众多，河流形态相当丰富。该国共有152条河流，形成了8条大河：德林河，代沃利河，维约萨河，塞曼河，马蒂河，什昆比尼河，奥苏姆河和埃尔泽尼河。它们大多数是东南—西北或东北—西南流向，注入亚得里亚海，河流平均海拔约700米。

阿尔巴尼亚具有巨大的水力发电潜力，但只有35.4%的水力资源得到了利用。2015年，阿尔巴尼亚全国水力发电总装机容量为1 527兆瓦，发电量为4 000吉瓦时。2011年为止，阿尔巴尼亚共签署有107个水利开发合同，总装机容量达到1 386兆瓦。

2. 水电资源的开发

阿尔巴尼亚是欧洲水力资源最丰富的国家之一，几乎完全依赖水力发电来满足其日益增长的电力需求（占能源总产量的90%）。阿尔巴尼亚水力发电容易受到气候变化的影响，季节性较强。2015年，阿尔巴尼亚国内发电量同比增长24.1%，进口电力需求相应下降29.8%。阿尔巴尼亚主要水电站有科曼尼水电站、费里泽水电站、沃–德耶水电站、乌尔扎水电站、上佩尔拉特水电站等。

阿尔巴尼亚国内正在运行的大型水电站有7个，分别分布在德林河、马蒂河和佩奇卡比斯特里察河上，其中：

在德林河上，已建成三个水电站，分别为1971年建设的沃–德耶水电站、1978年建设的费里泽水电站和1985年建设的科曼尼水电站，装机容量分别为600兆瓦、500兆瓦和250兆瓦，总装机容量为1 350兆瓦。德林河上的水电站是主要的电力来源，提供了大约90%的国内发电量。

在马蒂河上，运行有两个水电站，即乌尔扎水电站和上佩尔拉特水电站，总装机容量为49兆瓦。

在佩奇卡比斯特里察河上，有两座水电站，即佩奇卡比斯特里察Ⅰ和佩奇卡比斯特里察Ⅱ，装机容量为27.5兆瓦。

截至2011年年底，阿尔巴尼亚有70个小型水电站，发电能力从20千瓦到9 200千瓦不等。但正在运行只有38个，其余的则处于关闭状态。

这些小水电站的建设目的是为偏远山区供应能源。它们属于派生水电站，主要利用靠近这些地区的水流发电。

2011年，由于降水量大幅度下降，导致水力发电量下降到4.14亿千瓦时，年均下降近50%。

阿尔巴尼亚水电站主要采取国营方式，其比例大约为70%，其余的为私营方式。从2002年开始，通过与私人投资者签订了一系列授权协议，将水电站开放给私人经营。

❖ 二、风力资源的发展状况

1. 风力资源的潜力

阿尔巴尼亚海岸线呈南北走势，长约345千米，其中靠近南部的海滨低地、北部山丘以及南部和东部的山脉的风速都适合风力发电。

阿尔巴尼亚境内各地区风向和风力强度随时间而变化。现有的制约因素主要包括高度、地点可及性、基础设施、自然保护区分布、电网通达性等。阿尔巴尼亚风力发电场的地区风速至少为6米/秒。

2. 风力资源的开发情况

由于受自然、经济或财政的限制，到2014年年底，阿尔巴尼亚尚无法大力开发风力资源，因此，阿尔巴尼亚的风能并未完全被利用。

阿尔巴尼亚政府的目标是到2020年，从风力发电中获得20%的能源。为了实现上述目标，阿尔巴尼亚政府采取了一些鼓励本地和外国投资者进入风能生产的财政激励措施，包括免除进口可再生能源所需机械设备的关税。对于不可再生资源的投资者，如果该工厂的装机容量超过5兆瓦，则此豁免适用。已经有许多本国和外国投资者进入了该领域。

阿尔巴尼亚计划在未来几年内大力投资2 000兆瓦新型风力发电机，并且计划通过海底电缆向意大利出口过剩电力。

❖ 三、太阳能资源的发展状况

1. 太阳能的潜力

阿尔巴尼亚领土位于巴尔干半岛西部、亚得里亚海和伊奥尼亚海的东部海岸。夏季炎热干燥，阳光充沛，冬季温和，太阳能充足。阿尔巴尼亚大部分地区如佩什科比、斯库台、都拉斯、地拉那、发罗拉和萨兰达等日平均太阳光照强度在1 500千瓦时/平方米以上，其中发罗拉、都拉斯、斯库台和库柯维四个地区每年日照时间均在2 400小时以上。

如果阿尔巴尼亚的太阳能电池板系统与希腊的太阳能电池板系统类似，热水的潜在生产量应相当于360吉瓦（或装机容量75兆瓦）的能量。相对于30万平方米的太阳能电池板总面积，实际上还有不小提升空间。据估计，阿尔巴尼亚理论上可以通过太阳能提供2.6万兆瓦的电力。

2. 太阳能的开发情况

阿尔巴尼亚主要通过平面收集器利用太阳能。当温度升高时，可以将水加热用于家庭需要。

太阳能热水器是为服务行业（如医院、酒店）、工业和家庭提供热水的成熟技术。阿尔巴尼亚国家自然资源署及其赞助商也开始对住宅和服务部门安装太阳能电池板来供应热水。阿尔巴尼亚不少民居已开始安装太阳能电池板。2010年，阿尔巴尼亚共安装了10 700平方米的太阳能电池板，其中服务业占60%，家庭占40%，总装机容量达到52 000平方米，发电量相当于约70吉瓦，占2009年家庭用电量的1%。作为联合国环境规划署全球太阳能热水市场改革和倡议的一部分，全球环境基金提供了发展阿尔巴尼亚国别方案的赠款。根据联合国倡议，阿尔巴尼亚开发计划署正在实施一个计划，根据赠款和财政拨款，安装5万平方米的太阳能电池板为普通家庭提供热水。该倡议的目标是在项目实施期间安装7.5万平方米太阳能电池板的新装机区，并每年实现年销售量2万平方米，预计2020年以前总装机容量将持续增长，到2020年底达到52万平方米。

此外，阿尔巴尼亚还通过使用光伏系统将太阳能直接转化为电能，但由于生产成本约为27~32美分/千瓦时，推广工作存在财政上的困难。

四、 生物质能源的发展状况

1. 生物质能源潜能

阿尔巴尼亚的山地和丘陵占国土面积的76.6%，其他地区为海拔200米以上的平原和低地。森林占总土地面积的36%，牧场占16%，农业用地占24%，其他土地占24%。阿尔巴尼亚主要森林有五类，分别为：地中海灌木、橡树林、山毛榉林、地中海冷杉和高山地带。因为森林为生物质能的主要原料，阿尔巴尼亚的高森林覆盖率有利于生物质能源的发展。阿尔巴尼亚生产生物质能所提供森林的来源主要包括以下五个方面：

第一，补充砍伐，以增加森林生物质的生物质能源供应。这包括间伐和最终砍伐的茎木生物量。根据NFI 2006年统计，阿尔巴尼亚收获茎木生物量为231 557立方米。

第二，森林采伐作业中的残留物。这包括在茎木去除期间留下的茎顶、树枝、树叶、树桩和根，根据NFI 2006年统计，阿尔巴尼亚年收获残留物生物量为548 274立方米。

第三，各种工业木材残留物，如锯屑。这在木质生物能源的利用中非常重要。根据NFI 2006年统计，阿尔巴尼亚年收获工业木材残留物生物量为32 900立方米。

第四，短期轮种植物。其中包括种植在以前用于农业或裸露地区的陆地上种植的柳树、杨树、桉树的树片。

第五，来自森林外生长的树木的木质生物。如园艺和路边生长的生物。回收木材，例如从老建筑物拆除的木材。

2. 生物质能源的开发

根据NFI 2002—2009年进行的一次国家森林资源清查数据显示，可持续的年收获生物质能为115.2万立方米。生物能源生产的年度潜力包括木柴、树枝、树叶和木材加工残留物。木柴消费量估计约为200万立方米，远高于阿尔巴尼亚农业部官方统计。这种差异被认为是非法砍伐的结果。如果考虑到每年间伐35 000立方米的木材，以及短期轮种的木材，如柳树、桉树、杨树、阿拉伯树胶和榉木所提供的木材，生物能源生产的潜力将更高。据农业部统计，阿尔巴尼亚拥有约403 651公顷的短期种植园可供使用。

阿尔巴尼亚约有50%的人口生活在农村，森林一直是农民收入的主要来源。这使得农民非常依赖于森林，为了增加收入，很多时候许多村庄会出现破坏性砍伐，使森林出现退化现象。

第三节 阿尔巴尼亚能源发展的主要特征

❖ 一、能源供不应求，能源供给安全存在问题

能源安全是阿尔巴尼亚的一个关键问题，阿尔巴尼亚大约90%的电力生产依靠水力发电。虽然水电等可再生能源资源在将世界推向低碳经济方面发挥着重要作用，但它们也很容易受到气候条件的影响。

气候变化已经在很大程度上影响了阿尔巴尼亚的能源生产。常规情况下，阿尔巴尼亚的发电量仅能勉强维持国内能源需求，但在非常干旱的年份，水力发电量可能下降到平时的一半以下，而且在干旱的年份，农业更需要水源灌溉，水力发电量可能会进一步下降。

由于全球变暖，到2050年，阿尔巴尼亚大型水力发电站的年均发电量可能减少约15%，小型水力发电站的发电量减少20%左右。

❖ 二、能源强度较高，能源效率较低

据经互会国家对外贸易统计，阿尔巴尼亚能源强度较高，1980年为0.22，1990年下降到0.17，但均高于世界同期的平均值0.19和0.16，更是远远高于欧洲同期的0.13和0.11。原因是阿尔巴尼亚能源消费方式落后，导致能源利用效率较低。阿尔巴尼亚的能源强度2015年为0.176，2016年为0.17，几乎没有下降。

❖ 三、清洁能源占比较高

阿尔巴尼亚的清洁能源占比较高，平均在30%以上。其2004年、2007年、2010年和2013年四年的可再生能源消费比重分别为31.8%、22.8%、40.3%和31%。阿尔巴尼亚的清洁能源主要是生物质能和水力发电，清洁能源中水电占比上升，生物质能占比下降。其2005年、2011年、2012年和2013年生物质能占比分别为20.96%、14.2%、12.73%和10.3%。2005年清洁能源中生物质能源占比大概为2/3，到2013年下降到1/3。

四、碳排放较低，环境相对优良

阿尔巴尼亚的碳排放量绝对量较低，人均排放量也较低，这和阿尔巴尼亚整体能源消耗量小有关，更与清洁能源占比较高有关。

第四节　　阿尔巴尼亚能源发展存在的主要问题

一、阿尔巴尼亚能源使用方式比较传统

阿尔巴尼亚能源使用方式较为传统，包括空间供热、烹饪和家用热水等日常能源供应在内所有的住宅和服务部门的能源供应均采用电力、燃料木材和石油产品特别是液化石油气等传统方式。

二、天然气等先进的能源利用不足

阿尔巴尼亚天然气在能源使用中仅占1%。主要是因为从20世纪90年代开始，可开采的天然气就消耗殆尽。投入不足导致无法从欧洲进口新的天然气。因为阿尔巴尼亚和欧洲天然气网络没有连通。

三、能源效率较低，能源效率立法不足

阿尔巴尼亚能源利用效率较低，一方面与能源效率立法不足有关，另一方面需要严格执行"能源效率法"来提高能源利用效率。

第十一章　阿尔巴尼亚投资环境对中阿经贸合作的影响

第一节　阿尔巴尼亚投资环境及存在的问题

❖ 一、政治环境

（一）政局基本稳定

社会党执政以来，阿尔巴尼亚政局稳定。2015 年全球和平指数（GPI）显示，阿尔巴尼亚 GPI 指数 1.821，和平指数较高。在受调查的 162 个国家里排名第 52 位，较上一年提高 13 位，和平程度改善较为明显。

从消极和平指数看，2014 年阿尔巴尼亚为遏制暴力的成本支出为 11.1 亿美元，占当年 GDP 的 4%，在全球 162 个国家里排第 129 位。由此可见，阿尔巴尼亚经济受暴力影响较小。

从积极和平指数看，2015 年阿尔巴尼亚积极和平指数 PPI 为 2.83，在全球 162 个国家里排名第 62 位，属于和平程度较高的国家。阿尔巴尼亚资源分配平程度、维护他人权利程度较高。

（二）政府廉洁度（TI 指数）

在 2016 年透明国际的清廉指数 TI 中，阿尔巴尼亚得分 39 分，位列全球政府清廉排行榜 83 名，相比过去几年略有提高，但仍然低于全球平均水平（全球平均分为 43 分）。2012 年、2013 年、2014 年和 2015 年清廉指数分别 33 分、31 分、33 分和 36 分，总体分数较低，低于全球平均水平。最近两年有所提高，但提高幅度有限。

（三）政治环境对与中国经贸合作的不利因素

第一，中阿曾经的历史恩怨很难令双方在经贸领域深度合作。阿尔巴尼亚在第二次世界大战后曾经实行过社会主义制度，在二十世纪六七十年代，中国曾给阿尔巴尼亚诸多经济援助，但是随着国际政治形势的变化，两国国内的政治局势也发生了巨大的变化，两国关系最后迅速发生逆转，在20世纪90年代双方已经形同陌路。进入21世纪以后，中国和阿尔巴尼亚的外交关系才渐渐有了好转，但经贸关系很难进一步深入发展。

第二，阿尔巴尼亚登记注册的政党数目繁多，党纲不尽相同。阿尔巴尼亚现任的执政党是社会党，其国家领导人在政治上主张建设民主社会主义，经济上主张建设以所有制多元化为基础的市场经济。由于政府更替频繁，阿尔巴尼亚的对外关系，尤其是与中国的外交关系很难保持一致和统一。在社会制度更替以后，阿尔巴尼亚主要是民主党和社会党轮流执政，并且社会党的党纲也经过比较大的修改，和原来的党纲不一致。

第三，阿尔巴尼亚在政治上主张与欧美保持一致。阿尔巴尼亚政治上主张加入欧洲一体化进程，优先发展同西欧各国和美国的关系，并加强同巴尔干半岛各国之间的联系。在此政治形势下很难与中国发展紧密的经贸关系。

第四，阿尔巴尼亚周边地缘政治关系较为复杂。阿尔巴尼亚地处巴尔干半岛西南部，相对远离中东欧-地中海陆海联运通道的黄金地段，不具备区位优势。阿尔巴尼亚面临较为复杂的地缘政治关系，军事上依靠北约，经济上依赖欧盟，能源上需要邻国北马其顿的帮助，劳务输出依托意大利和希腊。处于此种周边环境下阿尔巴尼亚很难与中国发展成为重点合作伙伴。

第五，阿尔巴尼亚未能利用"17+1"合作平台开展双边或多边的经贸合作。阿尔巴尼亚参与中国-中东欧"17+1"合作机制积极性不如中东欧其他国家。如塞尔维亚牵头组建中国-中东欧国家交通基础设施合作联合会，斯洛文尼亚牵头组建中国-中东欧国家林业合作协调机制，保加利亚牵头组建的中国-中东欧农业合作促进联合会，拉脱维亚牵头的中国–中东欧国家物流合作联合会，罗马尼亚提出的建立能源项目对话与合作中心的倡议等。历次的中国–中东欧国家论坛和相关智库网络建设与对话中，阿尔巴尼亚方参与的人数最少。

❋ 二、经济环境

经济环境包括宏观经济指标、金融市场和基础设施三个方面。

（一）宏观经济指标

宏观经济指标包括GDP、物价水平和失业率。

据阿尔巴尼亚财政部统计，2015年阿尔巴尼亚国内生产总值（GDP）为14 447.41亿列克（按2015年阿尔巴尼亚官方平均汇率1美元兑125.96列克计算，约合114.7亿美元，2015年数据计算方式下同），实际GDP同比增长2.6%。据国际货币基金组织数据，2015年阿尔巴尼亚人均GDP为50.32万列克（约合3 995美元）。按照世界银行标准，阿尔巴尼亚为中等偏下收入国家。

按照经济增长速度来衡量，阿尔巴尼亚属于发展较慢的国家，GDP年均增长速度在3%以下，大多数年份在1%~2%。

阿尔巴尼亚2011年的GDP按照产业划分，以服务业为主，占比将近2/3；其次为农业，农业占比20%以上；工业最为落后，占比仅为10%左右。2016年农业和工业占比有所增加，农业增加2%左右，工业增加5%，服务业下降幅度较大，大概5%左右。服务业中主要为建筑业和商贸宾馆餐饮业，以及其他服务业，以2014年为例，建筑业占比为11.54%，商贸宾馆餐饮业占比为15.61%，其他服务业占比为29.90%。

从产值看，2014年工业产值约合20.14亿美元，同比增长2.4%，约占当年GDP的14.95%，主要工业品有服装、鞋、矿产品等。

据阿尔巴尼亚国家统计局的数据，2014年阿尔巴尼亚人均月消费水平8 939列克（当时约合85美元），其中食品消费占56.5%，非食品消费占22.5%，教育消费占3.8%，耐用电器消费占0.7%，基本需求消费占16.5%。由此可以看出，阿尔巴尼亚的收入水平较低，恩格尔系数较高。根据联合国开发计划署《2015年人类发展报告》显示，阿尔巴尼亚的人类发展指数为0.733，在全球188个国家和地区中，排第

85位。这说明阿尔巴尼亚发展水平较低。

从地区上看，2014年，阿尔巴尼亚人均月消费水平最高的地区为中部（约87美元），其次为沿海地区（约82美元），山区最低（约72美元），首都地拉那人均月消费水平9 692列克（当时约合92美元）。这意味着首都地区居民最为富裕，山区最为贫困。但贫富差距较小，最富地区与最穷地区月均收入差异为20美元。

除了整体国民收入较低之外，阿尔巴尼亚政府收入也较低，赤字严重。2015年，阿尔巴尼亚财政收入3 811.44亿列克（约合30.26亿美元），同比增长3.94%；支出4 364.37亿列克（约合34.65亿美元），同比下降0.18%；赤字552.93亿列克（约合4.3亿美元），同比下降21.58%。

阿尔巴尼亚物价稳定，通货膨胀率较低。2015年平均通胀率为1.9%。2016年6月，阿尔巴尼亚主要食品价格水平均较为平稳。

阿尔巴尼亚失业率较高。根据其国家统计局公报显示，2015年阿尔巴尼亚登记失业总人数为22.39万人，失业率为17.5%，比2014年下降0.4个百分点，其中男性失业率为17.5%，女性失业率比男性失业率略低0.1个百分点。

（二）金融市场环境相对较为宽松

金融市场包括外汇市场、货币市场和金融机构三个方面。

1. 外汇市场实行浮动汇率制，允许外汇自由兑换

阿尔巴尼亚实行浮动汇率制，阿尔巴尼亚银行作为中央银行每天公布列克对其他主要外币的汇率。

阿尔巴尼亚法定货币为列克，在阿尔巴尼亚境内与各主要货币均可自由兑换，兑换率根据市场供求关系决定。外汇可以自由兑换，一定限度内自由进出，有助于国际资本的自由进入。

外汇兑换市场由阿尔巴尼亚银行管理，具体从事汇兑业务的是得到授权的商业银行和外汇兑换所。公司或个人均可自由买卖外汇。允许外国投资者或法人在阿尔巴尼亚开立银行外汇账户，开立账户时须提供公司注册文件及公司法人身份证或被授权人的身份证件。属于外国直接投资的资金和变卖设备款以及因投资而取得的合法收入，缴纳10%的利润税和银行手续费后可自由汇出。个人出入境时可携带1万

美元以内等值外汇，无须申报。出境时，若所携外汇超过此限，需出示相应的进境外汇申报单或银行出具的有关证明。个人若将外汇汇出，每年累计不得超过350万列克等值的外汇金额，超过部分须取得阿尔巴尼亚央行的书面同意。

2. 货币市场实施低利率的积极的货币政策

阿尔巴尼亚银行贷款利率在4%~7%。2015年1月，阿尔巴尼亚中央银行将基准利率向下调整25个基点至2%。11月再次将基准利率下调25个基点至1.75%。2016年4月和5月，阿央行又连续两次下调基准利率，调整幅度均为25个基点，将基准利率降为1.25%的历史新低。2010年以来，阿尔巴尼中央银行已经18次调整基准利率，将其从2010年7月的5%，逐步下调至2016年5月的1.25%。由于阿尔巴尼经济表现低于预期，国内需求相对疲软，阿尔巴尼中央银行通过下调利率释放积极信号，刺激信贷增长、消费需求及私人投资，从而减轻债务负担并缓解金融风险。

3. 金融机构具有高度市场化和国际化

阿尔巴尼亚银行是阿尔巴尼亚的中央银行。阿尔巴尼亚银行业市场主要为外资银行和私人银行。阿尔巴尼亚有16家二级商业银行，均为私有银行，其中绝大多数为外资银行。主要商业银行有奥地利的莱弗森银行、土耳其控股的国民商业银行、马来西亚的国际商业银行、意大利发展银行、希腊国民银行地拉那分行等。目前中资银行在阿尔巴尼亚尚无分支机构。

阿尔巴尼亚的商业银行均为私人银行，任何外国投资者和法人均可从银行获得贷款，借贷条件由各银行自行规定。

（三）基础设施整体水平较低

基础设施分为交通基础设施和邮政、电信等方面，其中交通分为公路、铁路、空运和水运四个方面。

1. 公路

阿尔巴尼亚的运输以公路运输为主，其公路总里程2.8万千米。道路建设是基础设施建设的优先领域，近年来阿尔巴尼亚新建及翻修了大量路段，公路状况有较大改善。根据世界经济论坛《2015—2016年全球竞争力报告》，阿尔巴尼亚交通基础设施在全球140个国家（地区）排名中列第88位。

目前阿尔巴尼亚有98家客运公司，共614辆客运车辆，23 332个座位，在275条线路上运行，其中76条线路经过首都地拉那。

2. 铁路

截至2015年年底，阿尔巴尼亚铁路线总长为447千米，实际运营铁路线总长为379千米。2011年至2015年铁路实际可通行里程数分别为399千米、399千米、346千米、346千米和379千米。2011年到2012年没有增加，到2013年反而减少了53千米，2013年和2014年保持不变，2015年仅增加33千米。

阿尔巴尼亚仅与邻国黑山的波德戈里察有铁路连接，与其他国家无铁路相接，因此交通十分不便。

阿尔巴尼亚火车等铁路设施落后，最高时速仅60千米，平均时速约40千米，有些地区仅20千米/小时。近年随着阿尔巴尼亚公路的发展和汽车数量的增加，铁路运输面临着激烈的竞争与挑战。

阿尔巴尼亚国家统计局数据显示，截至2015年年底，阿尔巴尼亚共有火车头38辆，客运车厢34节，总座位数1 800个，货运车厢360节，总载重量1.5万吨。2015年阿尔巴尼亚铁路货运量19.8万吨，客运量18.9万人次。

近年来，阿尔巴尼亚政府一直希望吸引外资帮助其重建铁路交通系统，欧洲复兴开发银行已应阿政府请求，帮助其制定铁路发展规划。

3. 空运

阿尔巴尼亚共有机场11个，其中铺设跑道的仅3个。地拉那特蕾莎修女国际机场是阿尔巴尼亚目前唯一运营的民用机场，建于1957年，因位于里纳斯镇，又名里纳斯国际机场，距地拉那17千米，距都拉斯港32千米，2004年12月以BOOT（建设—拥有—经营—转让）方式交由数家航空公司和金融机构组成的德国和美国合资的地拉那机场合作伙伴（TAP）集团经营20年，2005年4月底开始营业。2015年里纳斯国际机场运送旅客约198万人次，起降航班20 876班次，货运量2 229吨。2011—2015年，阿尔巴尼亚运输比较稳定，起降航班次数、运输货物吨数两项指标均有所下降，但运输旅客人数有所增加，说明机场运输效率，尤其是客运效率有所提高。2015年年底，在地拉那国际机场运行的航空公司共14家，全部为外国航空公司。目前，可从地拉那直飞维也纳、罗马、布达佩斯、伊斯坦布尔、伦敦、慕尼黑、普里什蒂纳等36个城市。

阿尔巴尼亚尚未开通至中国的直达航线，中国游客可经土耳其的伊斯坦布尔、奥地利的维也纳、意大利的罗马和德国的慕尼黑等地的机场转机前往阿尔巴尼亚。

4. 水运

阿尔巴尼亚商业海运船队共有24艘船，总吨位超过1 000总吨，其中，土耳其船籍1艘，格鲁吉亚船籍2艘，巴拿马船籍1艘。

阿尔巴尼亚现有港口4个：都拉斯港、发罗拉港、申津港和萨兰达港。2015年阿尔巴尼亚港口货运量约384万吨，其中都拉斯港是阿尔巴尼亚最大的港口，当年货运量为349.6万吨，占全国海运业务的91%。

2015年，阿尔巴尼亚海上运输旅客约118.6万人次，其中进港56.6万人次，出港62.0万人次。

5. 邮政和电信

阿尔巴尼亚邮政市场主要由公共邮政服务商——阿尔巴尼亚邮政公司和私营快递公司组成。其中阿尔巴尼亚邮政公司是邮政业务最全面的服务商，并垄断邮票发行业务，2015年阿尔巴尼亚邮政公司共递送普通信件、包裹1 350.2万件，挂号信件、包裹328.5万件，保价包裹3.8万件。私营快递公司主要有敦豪、托马斯全国运输、联邦快递、联合包裹等。

阿尔巴尼亚固话市场由阿尔巴尼亚电信公司（Albtelecom）、Abcom公司、ASC公司、Nisatel公司、Telekom Albania Fiks公司和部分农村地区的固话私营服务商提供服务。其中，阿尔巴尼亚电信公司是固话市场最大的公司，并垄断经营国际和国内城市间长途固话业务。

截至2015年年底，阿尔巴尼亚固话装机总量约22.67万部。其中阿尔巴尼亚电信公司用户18.07万户，约占总用户数的80%。

阿尔巴尼亚于1996年开始提供移动电话服务，目前有沃达丰、Telekom Albania、阿尔巴尼亚电信和普乐士四家移动电话运营商，2015年客户市场占有率分别为沃达丰占47.4%，Telekom Albania占31.9%，阿尔巴尼亚电信占14.2%，普乐士占6.5%。近年来阿尔巴尼亚移动用户增长迅速，截至2015年年底，阿尔巴尼亚活跃手机用户约

340.1万部。3G或4G手机互联网用户约130万人。阿尔巴尼亚手机约90%使用预付卡。按阿尔巴尼亚法律，购买手机SIM卡时，应进行实名登记，并付1 500列克手续费。目前阿尔巴尼亚人均手机使用费约为60欧元/年，几乎相当于富裕地区每月的人均消费支出，这个占比较高，说明阿尔巴尼亚电信价格过高，电信业竞争不够激烈。

世界经济论坛发布的《2015全球信息技术报告》显示，阿尔巴尼亚"网络就绪指数"（NRI）在参与排名的143个国家和地区中，排在第92位。据阿尔巴尼亚国家邮政电信管理局统计，截至2015年年底，阿尔巴尼亚固网宽带用户约24.29万，家庭宽带覆盖率为33%。

（四）经济环境中存在的不利于双方经贸合作的因素

据中国商务部数据显示，在2014年和2015年均出现了中国对阿尔巴尼亚的进口持续下降，而出口又难以突破的状况。这主要是因为：

1. 阿方主要的贸易商品的国际价格长期处于低位

中国从阿尔巴尼亚进口的商品主要是铬矿、铜矿等大宗商品。这些商品经过2007年国际价格的巅峰时期，持续进入降价阶段，目前处于价格低迷期。作为投资产品，大宗商品只有价格上涨时，才会吸引国际买家持续买入。反之，当国际价格处于低迷期，交投不够活跃，作为投资的买入量会大幅度下降。

2. 阿尔巴尼亚政府紧张的财政状况制约了其进口水平

根据美国CIA数据，2015年，阿尔巴尼亚家庭消费总额约占GDP的82.1%。阿尔巴尼亚居民消费仍以生活需求为主，占比73%，对其他类型产品购买需求较低。2014年，阿尔巴尼亚政府的公共债务余额约合68.9亿美元，占GDP的58.52%。受实施积极财政政策影响，2015年阿尔巴尼亚公共债务占GDP的比重已经上升到73.7%，且其中1/3以上为外债，政府违约风险有所上升。2016年，阿尔巴尼亚积极推进以税收改革为主的财政巩固计划，希望能够有效降低财政赤字。但由于石油等大宗商品的价格处于低位，导致阿尔巴尼亚税收收入不及预期，2016年年底，阿尔巴尼亚公共债务占GDP的比重仍高达72.1%，在2018年实现将公共债务占GDP比重降低至60%的目标存在较大难度。

阿尔巴尼亚人均收入的低水平以及巨大的政府债务使得阿尔巴尼

亚的购买力受到了限制，从而影响了阿尔巴尼亚进口的增长。

3. 阿尔巴尼亚落后的交通基础设施不利于从中国长距离进口

阿尔巴尼亚的公路、铁路、空运、水运等交通基础设施水平都远低于世界标准水平，在阿尔巴尼亚没有轻轨、管道运输线路等，交通不便成为制约双方互通有无的主要障碍。交通设施的落后也自然加大双方贸易的成本，中阿双方可能从邻近交通便利的国家采购相同或者类似的产品来作为替代品。

4. 国内信贷不发达，制约了阿尔巴尼亚从中国进口消费品

阿尔巴尼亚所面临的金融环境比较恶劣。外部受到希腊主权债务危机、英国脱欧的影响，阿尔巴尼亚通过国际借贷来消费变得日益困难。

阿尔巴尼亚的银行坏账率偏高，银行普遍惜贷和慎贷。国内消费信贷不发达制约了居民提前消费。从GDP构成看，阿尔巴尼亚消费奇高，2015年占比为82.1%，提升空间有限，制约了从海外进口消费品。

5. 金融市场整体风险较大，影响进口

阿尔巴尼亚金融风险大主要表现在三个方面：

一是外汇储备有限。阿尔巴尼亚的外汇储备只能满足短期部分进口所需。截至2015年年底，阿尔巴尼亚外汇储备约28.8亿欧元，可满足阿尔巴尼亚7.5个月的商品和服务进口所需。

二是中央政府负债率高。据阿尔巴尼亚财政部公布的数据显示，截至2015年年底，阿尔巴尼亚公共债务余额为10 432.12亿列克（约合82.82亿美元），同比增长6.67%，占2015年阿尔巴尼亚GDP的比重为72.21%。其中地方政府债务为9.4亿列克（约合0.07亿美元），中央政府债务为10 422.72亿列克（约合82.75亿美元）。中央政府债务中，外债余额为4 908.9亿列克（约合38.97亿美元），债权国主要为德国、意大利等，内债余额为5 513.74亿列克（约合43.77亿美元）。欧盟、国际货币基金组织和世界银行等均要求阿尔巴尼亚将公共债务率控制在60%以内。

三是国家主权信用较低。截至2015年12月，国际评级机构穆迪对阿尔巴尼亚主权信用评级为B1，展望为稳定。截至2016年2月，国际评级机构标准普尔对阿尔巴尼亚主权信用评级为B+至B，展望为稳定。

6. 金融产品类型较为单一，影响国际消费

在阿尔巴尼亚，证券市场尚未形成，旅行支票和信用卡还没有被

广泛使用。地拉那的某些国际饭店和主要银行可接受的信用卡有美国运通卡、维萨卡、大来卡和玛斯特卡、中国国内银行发行的信用卡等。

目前地拉那交易所只进行私有化债券的交易,尚无上市公司和股票买卖。

❖ 三、法制环境

法制环境包括外商投资保护法律制度、外企税收优惠措施和营商环境三个方面。

(一)外商投资保护法律制度

(1)阿尔巴尼亚加入了保护外国投资者的相关组织,并且与相关国家签订了双边和多边投资保护协定。2000年阿尔巴尼亚加入WTO,2005年4月底阿尔巴尼亚制定《知识产权保护法》,2007年6月初阿尔巴尼亚成为WTO的"与国际贸易有关的知识产权保护协议"(TRIPS)的签署国;阿尔巴尼亚签署国际《多边投资担保机构条约》(MIGA),为外国投资提供政治风险担保。阿尔巴尼亚政府已同包括中国在内的许多国家政府签订了《双边投资保护协定》和《避免双重征税协定》。

(2)阿尔巴尼亚制定了包括《外国投资法》在内的一系列保护外国投资的法律制度。对外国投资提供法律保护,并规定外资享受国民待遇;任何投资纠纷均可提交地拉那仲裁法庭或阿尔巴尼亚法庭或国际仲裁机构仲裁。

(3)阿尔巴尼亚设有专门主管外国投资的部门,为外国投资者提供免费的服务。阿尔巴尼亚投资主管部门是投资发展署,其主要任务包括吸引外国投资,提高阿尔巴尼亚经济竞争力,鼓励创新和促进出口等。

投资发展署的最高领导机构为董事局,董事局由阿尔巴尼亚总理领导,董事成员单位包括阿尔巴尼亚财政和经济部,基础设施和能源部,旅游和环境部,农业和农村发展部,市政发展部等,投资发展署署长在董事局的领导下负责日常工作。投资发展署下设四个部门:投资和服务部、中小企业和出口部、商业协调和创新中心、市场和运营部。

投资和服务部主要针对国外投资者,该部门的主要任务有:对外推介阿尔巴尼亚可投资的领域和项目；寻找并联络潜在的外国投资者；向投资人提供必要的信息和咨询服务；为外国投资者和阿尔巴尼亚政府、商业主体间的联系发挥中介作用。

阿尔巴尼亚投资发展署可协助确定投资项目选址、寻找阿尔巴尼亚供应商、办理证件、提供政府鼓励措施和信息，对投资商提出的各种问题，指导其向政府相关部门和人员寻求答案。投资发展署提供的所有服务均免费。

（4）阿尔巴尼亚法律允许外商在当地建立各种形式的法律、经济实体及其分支机构。

外资可以建立的经济实体包括独资公司、无限合伙公司、有限合伙公司、有限责任公司和股份公司。

（5）阿尔巴尼亚法律规定外资公司以较低的注册资金注册公司和简化注册程序。

为吸引投资尤其是外国投资，阿尔巴尼亚政府推出了"1 欧元倡议"，即对投资生产所需的土地和其他国有资产以及在一些税收方面，阿尔巴尼亚政府象征性地征收费用。

阿尔巴尼亚允许外国公司在阿尔巴尼亚设立分公司或者公司代表处，其注册程序同注册其他类型的公司基本相同，仅需增加母公司关于决定在阿尔巴尼亚设立分公司或代表处的证明文件即可。外商到阿尔巴尼亚投资无须审批，外商投资只须在"全国注册中心"进行"一站式"注册，一天内即可完成。在阿尔巴尼亚，投资领域不受限制；合资企业的外资比例不受限制。

阿尔巴尼亚法律界定了对外国资本开放的领域、重点和界限。政府鼓励所有产业向外资开放，重点为农业，旅游业，加工业，矿业，能源以及道路交通、电信等基础设施产业。1993 年，阿尔巴尼亚颁布《旅游业发展鼓励措施》，鼓励外商投资旅游业。2016 年 4 月，阿尔巴尼亚政府决定，将为涉及旅游业的项目提供高达 50%的资金支持。这一决定明确指出，经济部将在国家预算中设立基金，对旅游业的研究、推广和教育项目以及创新模式进行支持。支持的对象可以是自然人或法人、本国人或外国人、私人部门或公共部门。这一决定已经通过部长会议批准，并规定了项目建议书的条件和标准。根据决定，经济部将对项目的社会、环境和经济影响进行评估，从而选择支持的项目。这一资助计划将占到这些旅游项目实施成本的50%以上，但前提是成本需经经济部认可。获预算基金支持后，在工程开始时会收到30%的资金，剩下70%的资金将在工程结束时支付，资金拨付将以工程实际开支的发票为依据。此外，阿尔巴尼政府同时指定了旅游项目评审委员会的成员。

    阿尔巴尼亚政府规定凡对公共基础设施、旅游、电力或农业领域不动产进行投资的，如投资额在1 000万欧元以上，并根据相关规定获得该不动产后，如出现第三方产权纠纷，阿尔巴尼亚政府将对外国投资者予以国家保护，并代为与第三方进行纠纷处理。如最终需赔偿，则由阿尔巴尼亚政府支付，而与外国投资者无关。

    为了保护环境，阿尔巴尼亚对采矿业进行了限制，2014年，阿尔巴尼亚政府提高了矿产采掘业的投资准入门槛。有意投资矿业部门的企业在向阿尔巴尼亚许可证中心申请相关许可前，需缴纳投资保证金、环境保证金等费用，费用相当于投资总额的10%。

    （6）允许外资采取多种形式对阿尔巴尼亚进行投资，鼓励BOT（建设—经营—转让）和PPP（公私合营）方式。外商在阿尔巴尼亚可以采用现金、有形资产（包括机械设备、动产和不动产）、无形资产（包括知识产权、特许权或许可转让权）的形式进行投资。

    2006年12月18日，阿尔巴尼亚议会通过《特许经营法》，鼓励外资以BOT的方式与阿尔巴尼亚方展开合作，特许经营权合同一般为35年，可延长。目前在当地开展BOT的外资企业主要来自挪威、奥地利、土耳其等国。挪威和奥地利涉及的项目主要在电站、矿业等领域。土耳其涉及的项目主要在电站和钢铁制造、集装箱码头经营等领域。阿尔巴尼亚政府也在积极尝试PPP的投资模式。

    外商在阿尔巴尼亚建厂可以购买或租用土地使用权，年限最高为99年，但不得转售和转租。

（二）外企税收优惠措施

1. 外企享受税收国民待遇

    第一，外资企业所得税的税率享受国民待遇。在阿尔巴尼亚注册的外资企业享受本国企业同等的累进式所得税制。年营业额在0~200万列克的企业，按2.5万列克/年的标准缴纳；年营业额在200万~800

万列克的企业，按7.5%的税率缴纳；年营业额在800万列克以上的企业，按15%的税率缴纳。

第二，仅对外国居民在阿尔巴尼亚的收入征收个人所得税。所有阿尔巴尼亚居民对来自世界任何地方的收入均须缴纳个人所得税，而非本国居民仅需对在阿尔巴尼亚境内的收入同样缴税。阿尔巴尼亚个人所得税采用累进税制计算，个人月收入在0~3万（含3万）列克的，免征个人所得税；个人月收入在3万~13万列克（含13万）的，对3万列克以上部分按13%的税率征收个人所得税；个人月收入在13万列克以上的，需缴纳的个人所得税为1.3万列克以及13万列克以上部分的23%。

第三，进口商品和国内商品一样缴纳增值税，出口商品和服务免征增值税。年营业额超过800万列克（或部长会议规定的其他金额）的自然人和法人均须在税务局进行增值税注册。

所有从事进出口业务的法人和自然人均须进行增值税登记，包括个人、中央和地方政府，也包括社会和政治团体、国际组织、外交使团等，只要从事进出口业务，不论营业额大小，在报关时，均须向海关提交增值税号。对用于生产的、价值在50万美元以上的机械设备免征增值税。除非另有规定，增值税税率为20%。

进口货物，货物再出口加工的服务免缴增值税。

2. 外企享受的税收优惠政策

第一，鼓励外资对电力行业投资，2002年12月阿尔巴尼亚政府8987号法律规定建立5兆瓦以上的电站，或改造现有电站，所需的机器设备进口免缴进口关税，对电力生产所需的液体或固体燃料已缴的关税和消费税可予以返还。

第二，为鼓励发展农业，国家规定免缴燃油税。

第三，减免外资投资所得税。第一个5年内免缴利润税，第二个5年的利润税减免50%。投资所得红利免缴所得税，投资利润再投资可获40%的利润税减免。

第四，生产出口商品，免交增值税。

第五，投资所用的机器设备的进口免缴消费税，延迟缴纳增值税，2008年3月中旬阿尔巴尼亚政府规定增值税的延迟缴纳时间为进口清关后12个月内。

（三）营商环境

根据2018年世界银行营商环境报告，阿尔巴尼亚的营商环境在世界排名第65位，低于周边国家的排名，但略高于希腊。

四、社会文化环境

（一）宗教

阿尔巴尼亚属于比较传统的宗教国家，有比较长的信教历史。阿尔巴尼亚的宗教分属三大不同的宗教：伊斯兰教、天主教和东正教，其中有56.7%的居民信奉伊斯兰教，10.1%信奉天主教，6.75%信奉东正教。

（二）教育水平

阿尔巴尼亚实行九年制义务教育。全国共有16所公立高校，45所私立高校。地拉那大学是阿尔巴尼亚的第一所大学，也是全国唯一的综合性大学。目前公立中小学实行免费教育，公立高校年收费约1 000美元。私立中、小学及大学年收费在1万~4万美元。

（三）民族和语言

根据阿尔巴尼亚国家统计局公布的最近一次的全国人口普查结果，阿尔巴尼亚族人占其总人口的82.58%。少数民族主要有：希腊人、北马其顿人、黑山人、罗马尼亚人等。

华人主要分布在地拉那市，总人数约为200人，主要从事餐饮、小商品贸易等。

官方语言为阿尔巴尼亚语。主要流行的外语是希腊语、意大利语、德语和英语。

（四）医疗

据世界卫生组织统计，2013年阿尔巴尼亚全国医疗卫生总支出占GDP的5.9%，按照购买力平价计算，人均医疗健康支出539美元；2015年阿尔巴尼亚人均寿命为78岁。

（五）研发投入

技术创新是企业生存与发展的动力，也是社会经济发展的重要因素。《全球竞争力报告2015—2016》对各国的创新能力、企业研发支出等进行的调查结果表明，阿尔巴尼亚以上两项指标在中东欧国家中处于较低水平。阿尔巴尼亚每百万人口中研发人员和工程师不足200人，专利申请世界排名第93位，其中，阿尔巴尼亚公民在2011年仅申请了三项专利，其余全部由国外企业或个人申请。

科研机构基础研究能力不强，企业与其进行合作创新激励不足，因此无论从科研机构质量角度，还是大学与产业部门研发的合作程度分析，阿尔巴尼亚仍有较大提升空间。

2015—2016年，阿尔巴尼亚的政府购买向有助于培养企业创新能力方面倾斜，该项得分为3.8，在全球140个国家中排在第31位。此外，阿尔巴尼亚政府为实现创新增长，使高等教育质量达到欧盟标准，拟实施一系列高等教育体系改革，包括鼓励企业参与创新人才培养，直接奖励研发与创新活动，加强研究机构与企业研发部门的合作，提高政府对硕士及博士教育的支持力度，特别是自然科学和工程专业的学生，为外商投资企业提供优秀的人力资本储备。

（六）社会文化环境中不利于双方经贸合作的因素

阿尔巴尼亚的教育水平与其他中东欧国家相比也较为落后。教育水平的普遍落后必定导致文化产业发展的落后，文化产业的附加值比较高，文化产业落后自然成了制约双方贸易规模的一个重要因素。

第二节　中阿经贸合作的现状和特征

随着中阿两国高层互访频繁，经贸合作不断深化，越来越多的中国企业赴阿考察投资。双方签有《贸易协定》《关于鼓励和相互保护投资协定》《关于对所得和财产避免双重征税和防止偷漏税协定》。1989年成立两国政府间经济技术合作混合委员会。2011年6月，商务部副部长钟山访阿。同年9月，中国人民银行行长周小川访阿；11月，中阿政府间经济技术合作混合委员会第七次例会在北京举行。2013年9月，中国人民银行同阿尔巴尼亚银行签署中阿双边本币互换协议。2014年12月，中国进出口银行行长李若谷访阿，同阿方签署《融资合作工作机制谅解备忘录》和《阿尔伯里公路项目融资合作备忘录》。2015年7月，2016年6月，2017年5月中阿双方相继签署《中华人民共和国政府和阿尔巴尼亚共和国政府经济技术合作协定》。

❖ 一、中阿双边贸易合作的现状和特征

1. 中阿双边贸易合作的现状

据中国海关统计，2014年中阿贸易额为5.69亿美元，同比增长1.7%。其中中方出口3.79亿美元，同比增长16.8%；中方进口1.90亿美元，同比下降19.3%。2016年中阿双边贸易额6.36亿美元，同比增长13.9%。其中中方出口额5.07亿美元，同比增长17.7%；进口额1.29亿美元，同比增长0.9%。2017年中阿双边贸易额6.5亿美元，同比增长2.3%。2018年1月—4月，中阿双边贸易额2.2亿美元，同比增长0.2%。其中中方出口额1.7亿美元，同比增长26.7%，进口额0.5亿美元，同比下降42%。

中阿两国贸易总额近几年一直处于增长阶段，是中阿两国在双边贸易方面不断加强合作的成果。除个别年份外，中方出口额年年上涨，增长率略有下降；中方的进口额则处于波动状态。由于中方进口额的波动，中方的贸易顺差虽略有波动，但是依然呈现出不断上升的趋势。

2. 中阿两国贸易合作的特征

第一，中国对阿尔巴尼亚的出口结构以生活设施产品为主。中国对阿尔巴尼亚出口的商品主要有机械设备、家具、灯具、服装、鞋、玩具、日用轻工产品、钢材等，从2015年中国对阿尔巴尼亚出口的商品结构对比中可以发现，中国对阿尔巴尼亚出口前三类商品分别为钢铁及钢铁制品、机械器具及零件和电器设备及零件，在商品结构中的占比均在10%以上，分别为12.48%、11.13%和10.35%。家具、塑料及其制品、鞋靴和陶瓷产品排名也比较靠前。由此可见，中国对阿尔巴尼亚出口的产品主要以生活设施产品为主。

第二，中国从阿尔巴尼亚进口的商品以矿产资源为主。根据中国海关的统计，中国从阿尔巴尼亚进口的商品主要是铬矿和铜矿等矿产资源。从2015年中国从阿尔巴尼亚进口的商品结构的对比中可以看到，前三名分别是矿产、服装及衣着附件和化学产品。其中矿产资源

的进口金额占了中国从阿尔巴尼亚进口总额的90%以上。

第三，中国与阿尔巴尼亚的双边贸易规模小，总金额低。从2015年中国与中东欧主要国家的进出口总额的对比中可以发现，波兰是中国在中东欧最大的贸易伙伴，进出口总额达到1 708 190万美元。而中国与阿尔巴尼亚的进出口贸易总额只有55 920万美元，这种贸易程度在中东欧16国几乎处于垫底的水平。中国与阿尔巴尼亚的贸易结构也基本处于最基础的资源和生活用品贸易，而衡量两国贸易水平的高科技产品和服务贸易的贸易总额占比极小，这意味着中国与阿尔巴尼亚的双边贸易还有巨大的发展空间。

第四，阿尔巴尼亚出口到中国的商品结构单一。按照要素结构来划分，2007—2016年，阿尔巴尼亚出口到中国的商品主要为资源性产品，占比在90%以上，其中2007年、2009年、2010年、2011年、2012年均在99%左右。按照用途划分，阿尔巴尼亚同期出口到中国的商品主要为中间品，占比均在99%以上。

第五，阿尔巴尼亚出口到中国的贸易产品技术含量低。按照技术含量来划分，2007—2016年，阿尔巴尼亚出口到中国的商品主要为低技术产品，占比均在99%以上。

❀ 二、中阿两国之间的投资现状及主要特征

1. 中阿两国之间的投资现状

从2004—2015年中国对阿尔巴尼亚的投资存量可以看出，中国对于阿尔巴尼亚的投资呈现出规模较小、周期性波动的特征。2004年中国对阿尔巴尼亚投资存量没有统计，2005年开始统计，仅为50万美元，规模很小。2006—2008年三年存量保持不变，仅为51万美元，比2005年仅增加1万美元，增长极其有限。2009年存量突然增长到435万美元，增加了384万美元。2010年存量增加到443万美元，仅增加8万美元，然后直到2012年一直保持为443万美元，连续三年没有改变。2013年增加到703万美元，单年增加260万美元，2014年存量保持不变，2015年存量还减少到695万美元，减少了8万美元。2009年和2013年出现两次跳跃性发展，发展原因与中国的鼓励对外投资政策有关，2009年中国政府鼓励企业走出去，2013年是在"一带一路"倡议之后，中国的企业积极响应，在"一带一路"沿线国家开展经贸合

作，开拓市场。

据中国商务部统计，截至2014年年底，中国企业在阿尔巴尼亚新签承包工程合同4份，新签合同额1.05万美元，完成营业额616万美元。目前在阿尔巴尼亚开展业务的中国公司主要有从事铜矿合作的江西铜业公司，从事铬矿合作的温州井巷设备公司，从事电信合作的中兴通讯公司、华为公司，从事基础设施建设的中国建筑总公司等。

2. 中阿两国之间的投资的主要特征

第一，中国对阿尔巴尼亚的投资力度较小。中国对阿尔巴尼亚投资的规模较小主要表现在两个方面：一是总量小，据商务部统计，2014年中国对阿尔巴尼亚投资存量仅为703万美元，远远低于匈牙利、波兰、捷克、罗马尼亚、保加利亚等国；二是占比小，截至2014年，从中国在中东欧主要国家投资存量的对比中，我们可以看出，中国在阿尔巴尼亚的投资量相比其他中东欧国家来说比重较低，只占0.5%。

阿尔巴尼亚的外国投资主要来自欧洲邻国，与他们投资相比，中国对阿尔巴尼亚的直接投资就更小。据联合国贸发会议发布的2016年《世界投资报告》显示，2015年，阿尔巴尼亚吸收外资流量为9.45亿美元；截至2015年年底，阿尔巴尼亚吸收外资存量为43.31亿美元。根据阿尔巴尼亚央行提供的数据，2014年阿尔巴尼亚吸引外资11.1亿欧元，同比下降13.4%。

阿尔巴尼亚的年度外国直接投资流入量大幅增长，2008—2015年每年平均增长接近10亿美元。2016年为11.24亿美元，与2015年的9.45亿美元相比，增幅较大。

阿尔巴尼亚外资来源地主要为加拿大、瑞士、奥地利、希腊、意大利、土耳其和荷兰等七个国家，其中加拿大排名第一，占20.15%，其他国家占比较均匀，都在20%下。其中瑞士、奥地利、希腊、意大利四国在12%~14%，土耳其和荷兰占比相近，在7%左右。从外资来源地分布的特征看，除加拿大外，主要为周边的欧盟成员国，并且投资伙伴均为经济体量较小的国家。这可能和阿尔巴尼亚的市场规模较小，开放度不高有关。

第二，中国对阿尔巴尼亚的投资结构单一。与欧美国家相比，中国对阿尔巴尼亚的投资结构比较单一，主要集中在矿产开发、基础设施建设等少数领域。而制造业、金融业、商业、餐饮等行业为欧美国家所垄断。

外资在阿尔巴尼亚投资的主要领域是金融、保险、电信、建筑和矿业等。根据阿尔巴尼亚国家统计局数据，截至 2015 年年底，在阿尔巴尼亚的外国独资和合资企业共 5 939 家。德国公司主要集中在制造业，意大利公司主要集中在商业，奥地利公司主要集中在金融业，美国公司主要集中在餐饮等服务业，加拿大、荷兰等国公司主要集中在能源行业。

第三，中国对阿尔巴尼亚的投资增长速度快。中国对阿尔巴尼亚的投资仍处于起步阶段，但是中国对阿尔巴尼亚的投资增速却是对中东欧国家的投资中最高的，为 58.7%，比同期增长速度位于第二位的波兰快 35%。这意味着中国开始关注对阿尔巴尼亚的投资。阿尔巴尼亚的铬矿资源在中东欧国家甚至在国际范围内都具有很大的优势，吸引了中国的企业参与投资。按照这种趋势发展下去，阿尔巴尼亚具有较好的投资前景。

第三节　阿尔巴尼亚投资环境对中国投资的影响

一、阿尔巴尼亚的技术水平对中国投资的影响

通过实证发现中阿贸易对于中国对阿投资有促进作用，但阿尔巴尼亚技术水平对于中国对阿投资具有抑制作用，这说明阿尔巴尼亚的投资环境不利，尤其是当地专利的保护不力，不利于中国对阿尔巴尼亚的技术投资。

二、阿尔巴尼亚的基础设施对中国投资的影响

阿尔巴尼亚的基础设施有利于中国对阿投资。虽然阿尔巴尼亚的基础设施并不完善，但处在逐步改善的过程中，随着基础设施的逐步改善，对中国投资具有促进作用。

❖ 三、阿尔巴尼亚的法律制度环境对中国投资的影响

阿尔巴尼亚的法律环境有利于中国对阿尔巴尼亚投资。

❖ 四、阿尔巴尼亚的服务业发展对中国投资的影响

阿尔巴尼亚的服务业对于中国对阿尔巴尼亚投资具有促进作用。

第十二章 阿尔巴尼亚的环境规制及对中阿经贸合作的影响

第一节 阿尔巴尼亚的环境规制指数及主要特征

❖ 一、阿尔巴尼亚环境规制指数

1. 环境绩效指数

EPI 是 Environmental Performance Index 的缩写，即环境绩效指数。EPI 是由耶鲁大学环境法律与政策中心、哥伦比亚大学国际地球科学信息网络中心联合实施。

2. 阿尔巴尼亚环境规制综合指数

我们在此借鉴综合指数法，利用阿尔巴尼亚的法律环境体系来编制阿尔巴尼亚的环境规制综合指数。我们将评价指标层分为国际环境法、欧盟环境法和阿尔巴尼亚环境法三个层次进行量化，编制阿尔巴尼亚的环境规制指数。

❖ 二、阿尔巴尼亚环境规制的主要特征

1. 阿尔巴尼亚整体环境规制水平较高

根据耶鲁大学测算的环境绩效指标，我们发现阿尔巴尼亚环境规制水平总体较高，2002—2014 年的平均值为 64.79，在中东欧 16 国中排名位于第六。

根据环境规制综合指数，我们发现阿尔巴尼亚的总得分为72.8分，在中东欧国家中排名第三，仅次于克罗地亚和爱沙尼亚，说明阿尔巴尼亚的环境规制水平较高。

2. 阿尔巴尼亚环境规制水平呈现出先升后降的趋势

从2002年以来，阿尔巴尼亚环境绩效逐步提高，从61.4上升到2011年的69.4，近几年开始下降，2012年下降到65.9并逐步下降到2014年的54.7。

第二节　阿尔巴尼亚的环境法律体系

阿尔巴尼亚的环境法律体系和整个中东欧国家的环境法律体系一样特殊，包括三个不同的法律层次，最高层次为国际级的环境规制标准，中间层次为欧盟的环境规制标准，最低层次为阿尔巴尼亚国内法环境规制标准。

一、阿尔巴尼亚加入的国际环境法律体系

阿尔巴尼亚作为联合国的成员国，主动加入联合国环境所属的各类环境公约组织，接受其环境公约的约束。阿尔巴尼亚承认国际法的上位法地位。1998年《阿尔巴尼亚宪法》确立了维护生态环境的基本原则，表明了对环境保护的承诺。宪法第七章"国际协议"中规定，国际协议的批准是依法进行的。国际协议批准后经官方公报公布后，被列为法律并成为国家立法体系的一部分。国际协议是直接适用的，除非它们不是自适应的，并且需要申请批准新的法律。一旦批准，国际条约优先于国内法。

自1955年12月14日以来，阿尔巴尼亚一直是联合国的成员国。自1991年政治变化以来，阿尔巴尼亚加强了在全球和地区环境问题上的国际联系，并利用环境文书中的国际合作机制，获得财政和技术援助，以解决其环境的严重问题。过去十年来，阿尔巴尼亚已经成为一些全球和区域环境公约的缔约方，现在这些公约已经成为其法律制度的重要组成部分。阿尔巴尼亚加强了与联合国系统、欧洲安全与合作组织（欧安组织）、北大西洋公约组织（北约）等国际组织以及邻国

和其他国家政府的联系。2000 年 9 月 8 日，阿尔巴尼亚加入了世界贸易组织，并出席了卡塔尔多哈部长级会议（2001 年 11 月）。在其国际环境合作方面，阿尔巴尼亚遵循以下原则：与国际机构开放合作，与其他国家的友好关系中，国际规则至上，努力加入欧盟。

截至 2018 年 11 月末，阿尔巴尼亚已经加入的国际环保条约有：1973 年《濒危野生动物物种国际贸易公约》（《华盛顿公约》），1976 年《保护地中海海洋环境和沿海区域公约》（原《巴塞罗那公约》），1989 年《蒙特利尔协定书》（保护臭氧层），1992 年《联合国气候变化框架公约》，1992 年《生物多样性公约》，1994 年《联合国防治荒漠化公约》，1995 年《巴塞尔公约》（控制危险废物越境公约），2000 年《饮用水水质准则》《世界土壤宪章》，2004 年《鹿特丹公约》（关于在国际贸易中对某些危险化学品和农药采用事先知情同意程序），2005 年《空气质量准则》。

❖ 二、阿尔巴尼亚加入欧盟等区域环境保护和合作法律体系

加入欧盟是阿尔巴尼亚外交的优先方向，也是主要的区域政治目标。保持区域的环境安全，采用欧洲环境排放标准，清洁能源标准是加入欧盟的门槛。为了尽快加入欧盟，必须接受欧盟的领导，接受欧盟的环境保护的原则和要求，特别是国内立法必须与欧盟的指令统一起来。目前，阿尔巴尼亚与欧盟在环境问题上的合作领域包括水质、空气污染、污染监测、提高工厂能源和安全效率、化学品分类和安全处理、城市规划、废物管理以及森林、动植物保护等。

在欧盟范围内，阿尔巴尼亚积极加强与区域组织合作。阿尔巴尼亚与北马其顿共和国、黑山签署了双边合作备忘录，提供发展包括环境在内的各个领域的合作。阿尔巴尼亚还与加拿大、德国、意大利、日本和瑞士开展合作。

阿尔巴尼亚加入的区域环保条约有：《防止与消除地中海船舶及飞机倾倒或海上焚烧污染议定书》《合作防止船源污染及在紧急情况下防治地中海污染议定书》《保护地中海区域免受陆源和陆上活动污染议定书》《地中海特别保护区和生物多样性议定书》《保护地中海免受因勘探和开发大陆架、海床及其底土污染议定书》《防止危险废物越境转移及处置污染地中海议定书》《地中海海岸区域综合管理议定书》。

🎴 三、阿尔巴尼亚的国内环境法律体系及主要特征

阿尔巴尼亚的环境立法可以分为两个阶段，其中1990—2000年为第一阶段，从2001年到今天为第二阶段。在第一阶段，环境立法体现出三个标志和四大特征。第一个特征为环境保护法成为独立的法律，标志为1993年《环境保护法典》的制定。第二个特征为环境犯罪入刑，标志为1995年《刑法典》的制定。第三个特征为环境保护的原则和要求成为宪法规范，标志为1998年《宪法典》的制定。第四个特征为国内环境立法采取欧盟的标准和要求。

在第二阶段，环境立法出现两个新的特征。第一个特征为环境立法更加严格，第二个特征为环境立法更加完善。目前，阿尔巴尼亚已经制定了完整的环境法。环境法逐渐被巩固为阿尔巴尼亚法律的一个独立分支。阿尔巴尼亚国内的环保法规不仅包括环境保护法，还包括规范环境影响评估和颁发环境影响的环境许可证的过程的法律，如《环境影响评估法》，而且设立了许多分类环境保护法规，包括《森林和森林警察法》《鱼类和水生动植物法》《种子和播种法》《野生动物保护和狩猎法》《园艺和树木保护法》《保护区法》《跨国境湖泊保护法》《牧场和草原法》《自然保护法》《环境保护法》《石油法》。此外，阿尔巴尼亚政府还制定了《大气污染保护法》《固体废料环保管理法》《公共垃圾处理法》《废水环境治理法》《野生药材、植物油、植物保护法》《土地法》《水储备法》《阿尔巴尼亚采矿法》《离子辐射保护法》《水供应原则规定》《防止海洋环境污染和破坏法》《化学材料和配剂法》《供水和废弃物处理和水处理管理框架法》《化学物质法》等。

第三节　阿尔巴尼亚环境规制对中国投资的影响

根据引力模型构建环境规制对中国投资的引力模型发现，阿尔巴尼亚环境规制对中国投资具有显著的抑制作用，阿尔巴尼亚环境规制水平每提高一个百分点，中国对阿尔巴尼亚的直接投资将减少28.25万美元。这可能和中国对阿尔巴尼亚投资的结构有关，中国对阿尔巴尼亚

投资主要为资源类产品。因为阿尔巴尼亚资源比较丰富，特别是铬矿，在欧洲排名第二，仅次于土耳其。资源开采对环境污染较大，而阿尔巴尼亚环境法律体系相对较完善，环境规制较严，环境保护意识较强，自然对相关投资的抑制作用较强。

　　由于阿尔巴尼亚的环境规制对于中国的投资有抑制作用，并且阿尔巴尼亚的环境规制水平也在逐步提高，所以随着阿尔巴尼亚环境规制水平的提高，中国对阿尔巴尼亚投资的环境风险将越来越大。因此，提高对阿投资的技术水平，减少对环境的污染，对于防范环境风险具有重要的指导意义。随着双方GDP的增长，中国对阿尔巴尼亚的投资规模将越来越大，未雨绸缪，投资清洁无污染的高新技术投资很有必要。

第十三章 阿尔巴尼亚加入欧盟及对中阿经贸合作的影响

第一节 欧盟对中国贸易政策的调整

❖ 一、欧盟对中国贸易政策调整的背景

欧盟经济增长乏力，欧盟出现债务危机，欧盟对华贸易出现逆差。据中国商务部发布的统计数据显示，2013年，欧盟对中国出口额为195 719百万美元，占其出口总额的8.5%，而相对的，欧盟自中国的进口额为370 272百万美元，占其进口总额的16.6%，且中国成为欧盟的第一大贸易进口来源国。

❖ 二、欧盟对中国贸易政策调整的内容

调整普及特惠税制度制。欧盟的普及特惠税制度（GSP）最初在与中国的合作中，对中国多种产品实行关税优惠政策，而随着欧盟对中国贸易逆差的出现，欧盟开始采取贸易保护措施，修改普及特惠税制度。

欧盟的普及特惠税制度（GSP）修订案于2014年1月1日开始实施。根据新普及特惠税制度，若来自受惠国的任何一类受惠产品在欧盟同类产品进口总额中的占比超过17.5%（纺织品及服装的比重为14.5%），则该类产品的关税优惠将会被取消。

与之前的不再受惠产品清单比较，新清单中的产品类别做了进一步细分。欧洲委员会表示，此举旨在改善产品分类的一致性。由

2014年1月1日起，又有6类中国产品不再受惠，分别是：

（1）第1a类：活动物及动物产品，不包括鱼；

（2）第1b类：鱼、甲壳动物、软体动物及其他水生无脊椎动物；

（3）第2b类：蔬菜、水果及硬壳果；

（4）第2c类：咖啡、茶、马黛茶及香料；

（5）第2d类：谷物、幼粉、种子及树脂；

（6）第4b类：经配制的食品（不包括肉类和鱼）、饮料、酒及醋。

自2014年1月1日起，不再享有欧盟普及特惠税制度进口税率优惠中国产品类别合计达27类。自此，属于这些类别的中国产品进口到欧盟时，须按常规税率计征关税。

在新普及特惠税制度下仍然受惠的中国产品类别总的来说，只有以下5类：

（1）第2a类：蔬菜；

（2）第3类：动物或植物油、脂肪及蜡；

（3）第4a类：肉类制品；

（4）第4c类：烟草；

（5）第5类：矿产。

2013年12月31日，欧盟官方公报刊登欧洲委员会1421/2013号法规，修订了欧盟的普及特惠税制度法规，在生效1年后把中国、厄瓜多尔、马尔代夫及泰国剔除出受惠国行列。而世界银行分别于2011、2012及2013年把中国、厄瓜多尔、马尔代夫及泰国归类为高收入或中高等收入国家（分类是以这些国家的人均国民总收入为准则）。因此，中国所有产品于2015年1月1日起不再享受普及特惠税制度。

欧盟不遵守《中国加入世贸组织议定书》第十五条的规定。根据第十五条的规定模拟国家已于2016年12月11日到期。因此，所有世贸组织成员国应当终止使用模拟国家价格对中国产品进行反倾销调查，所有成员必须按照WTO规则，使用企业出口国的价格或成本来确定倾销幅度。但欧盟不遵守这一规定，继续使用模拟国家价格对中国进行反倾销调查。

欧盟对中国施行不当的贸易救济措施。在2015—2016年的两年时间里，欧盟推出了12项对中国产品的反倾销和反补贴调查，其中9项调查涉及钢铁产品。贸易救济措施的实施给中国和欧盟之间正常的钢铁产品贸易造成了不利影响。2017年，欧盟委员会频繁发起以威胁损害为由的调查，故意加速调查流程，以提高反倾销税税率。

欧盟对中国一直实行严格的出口管制政策，限制了欧盟对中国高科技产品的出口。严格的出口管制削弱了欧盟在高科技领域的优势和竞争力，损害了相关企业的利益。

在投资方面，欧盟限制中国的资本在欧洲的投资并购活动。

第二节　阿尔巴尼亚为加入欧盟而调整的对外贸易政策

根据《阿尔巴尼亚投资合作指南（2015版）》，阿尔巴尼亚主管贸易的政府部门为经济发展、旅游、贸易和企业部，阿尔巴尼亚与贸易有关的主要法律有《商人和贸易公司法》《竞争法》《破产法》《反倾销法》等。

❖ 一、进出口贸易管制的调整

阿国贸易管理规定，在进口方面，禁止进口武器、放射性物质、军民两用物品、垃圾（可回收加工和利用除外）、消耗臭氧层的物质、濒危野生动植物、毒品等；在出口方面，除废金属禁止出口外，其他商品均可出口。阿尔巴尼亚政府于2008年4月通过新的《军用设备进出口管制法》（9707号），对武器进出口进行管制。

❖ 二、海关管理规章制度的调整

阿尔巴尼亚海关总署直属财政部。1992年8月阿尔巴尼亚加入世界海关组织。

1. 制定新的海关法

根据欧盟相关规则制定的阿尔巴尼亚新海关法（第102/2014号法）于2014年8月颁布，该法绝大部分条款于2017年6月之前实施，少部分条款自2017年6月1日起开始实施。

2. 修改海关法实施细则，延长清关时间

企业可通过申请，与阿尔巴尼亚海关总署签订协议，在海关正常工作时间外，获得24小时清关服务。

💠 三、调整进口税水平

1. 调整关税税率

阿尔巴尼亚海关参考世界海关组织的协调制编码和欧盟的商品编码制度，按产品不同，关税税率分为0%、2%、5%、6%、10%和15%。2014年阿尔巴尼亚平均关税税率为1.33%。

2. 调整对欧盟相关成员国的关税水平

阿尔巴尼亚对中欧自由贸易协定成员国、欧洲自由贸易联盟成员国、欧盟成员国和土耳其执行优惠进口关税政策，如对规定的工业制品实行零关税、对农产品关税税率按相关协议执行等。

3. 增加进口商品的其他税目

为了促进出口，减少贸易逆差，阿尔巴尼亚对进口商品加征其他税收。除关税外，进口商品还征收增值税，增值税税率普遍为20%，某些商品如烟草、酒精饮料、燃料等还征收消费税。

第三节　阿尔巴尼亚加入欧盟对中阿两国经贸合作的有利影响

加入欧盟将使阿尔巴尼亚市场经济体制进一步完善，经济转轨步伐加快。阿尔巴尼亚市场经济体制框架虽初具雏形，但与西欧国家相比仍很不完善。1998年和2000年，欧盟分两批与中东欧候选国开始加入欧盟谈判，在政治、经济和社会等31个领域向各候选国提出改革要求，使候选国加快了经济转轨和经济结构调整的步伐，市场机制更加完善，产品竞争力明显提高，经济增长显著。

💠 一、阿加入欧盟对两国贸易的有利影响

（一）有助于提高阿国就业率，提高居民的消费能力

加入欧盟可以降低阿尔巴尼亚的失业率。西欧国家根据欧盟统一要求开放劳动力市场，将为高失业率的中东欧国家提供更多的就业机会，阿尔巴尼亚在劳动力和地缘方面的优势有望使其充分享受欧盟内

部分工的好处。2014年阿尔巴尼亚只是成为欧盟的候选国，尚且无法
完全享受欧盟的劳动力自由流动的政策，因此失业率的降低幅度有
限。但阿尔巴尼亚劳务输出的对象还是欧盟成员国意大利和希腊。边
境签证的方便，有助于劳动力的出口，对降低失业率起到一定的作用。

据阿尔巴尼亚国家统计局发布的统计公报显示，2015年阿尔巴尼
亚登记的失业总人数为22.39万人，失业率为17.5%，比2014年下降
0.4%。失业率的降低意味着居民的劳动力收入提高，对于提高消费水
平、增加进口中国的生活必需品有利。

（二）有助于提高劳动力的工薪水平和国民对进口产品的购买力

在劳动力供求及工薪方面，尽管近年来由于欧债危机影响，欧盟
失业率高，但劳动力价格仍较高。据欧盟统计数据，2015年欧盟平均
劳动力成本为19欧元/小时。由此看来，欧盟成员国国民的购买力水
平较高，所以，阿尔巴尼亚加入欧盟，将使其就业率有效提高，劳动
力需求增加，相应的工薪也会相应提高，这有助于提高阿尔巴尼亚的
国民购买力。

（三）有助于扩大两国之间的商品贸易，特别是中国的出口水平

1. 有助于降低中国出口产品的交易成本

阿尔巴尼亚与欧盟的贸易政策统一，有利于中阿贸易的发展。欧
盟是当前世界上经济一体化程度最高的区域一体化组织。阿尔巴尼亚
加入欧盟以后，与欧盟其他成员国一样，对外采取共同的、统一的贸
易政策。这就会大大降低中国对阿尔巴尼亚出口企业的交易成本，提
高中国产品在欧盟市场上的价格优势和出口竞争力。

2. 有助于降低关税水平

阿尔巴尼亚在加入欧盟之前进口关税普遍较高。加入欧盟后，阿
尔巴尼亚将实行与欧盟共同的、统一的关税税率，其关税税率将由原
来的9%下降到欧盟现有的4%。

3. 有助于规避非关税壁垒

阿尔巴尼亚加入欧盟可以使中国产品进入阿尔巴尼亚市场变得更
为便利。中国产品只要能获得欧盟标准的认证，就能得到各成员国的
认可。其次，中国与欧盟有比较长期的贸易往来，对于欧盟的技术标
准也比较熟悉。在阿尔巴尼亚加入欧盟后，中国只要获得欧盟的认

证，就可以将商品出口到阿尔巴尼亚。这对中国扩大对阿尔巴尼亚的出口十分有利。因为中国企业只需要将产品销售到阿尔巴尼亚即可，这样还可以取得更大的规模效益。

据阿尔巴尼亚国家统计局2017年1月17日发布的数据，2016年，中阿双边贸易总额为581.04亿列克（约4.68亿美元，不含港澳台数据，下同），占阿尔巴尼亚对外贸易总额的7.1%，同比增长9.3%；其中，阿尔巴尼亚对中国出口74.52亿列克（约0.60亿美元），同比增长13.4%；阿尔巴尼亚从中国进口506.52亿列克（约4.08亿美元），同比增长8.8%。2016年，中国是阿尔巴尼亚第三大贸易伙伴、第三大进口来源地及第七大出口目的地。

从数据可以看出，2016年，中阿双边贸易都呈上升趋势，尤其是中方对阿尔巴尼亚的出口逐年增加。2016年的双边贸易总额有所下降，尤其中方自阿尔巴尼亚进口大幅度降低，但中方顺差还是呈上升趋势。

（四）对阿尔巴尼亚向中国出口的技术贸易影响不大

加入欧盟对于阿尔巴尼亚对中国的技术出口影响较小。2014年阿尔巴尼亚获得欧盟成员候选国资格，并不意味着阿尔巴尼亚就能"自动"转正为欧盟成员国，之后的几年，阿尔巴尼亚要与欧盟进行加入欧盟谈判，并在行政、司法、反腐、人权保护等方面达到欧盟的要求。

1. 加入欧盟会降低阿尔巴尼亚民族工业的核心竞争力，不利于技术贸易出口

加入欧盟会使阿尔巴尼亚对本国经济的自主权和控制力下降。加入欧盟就意味着部分主权的让渡，一旦阿尔巴尼亚加入欧盟，其国内的农业、海关、财政、货币等多项经济政策就会受到欧盟标准的限制。如果西欧资本向阿尔巴尼亚国内大举进军，会使阿尔巴尼亚对本国经济的控制力进一步下降。加入欧盟后阿尔巴尼亚的本国企业会因为欧盟大企业的进入而面临巨大的竞争压力，甚至走向破产。阿尔巴尼亚的经济水平相比欧盟各国有显著的差异，在市场经济体制尚不完善的情况下，阿尔巴尼亚的民族企业在面对跨国企业的竞争压力时，很难保证企业的核心竞争力，不利于技术贸易出口，从而渐渐走向衰退甚至消亡。

2. 阿尔巴尼亚的劳动密集型产业结构不利于技术贸易的出口

以欧洲的标准来说，阿尔巴尼亚经济上比较贫穷落后，其主要工业部门是食品、纺织、木材、石油、水泥、采矿等劳动密集型产业，而并不是技术密集型产业。

2014年阿尔巴尼亚各产业占比分别为：农业占比22.67%，工业占比14.95%，建筑业占比11.54%，交通业占比2.77%，商贸宾馆餐饮业占比15.61%，邮电通信业占比2.55%，其他服务业占比29.9%。由此可看出，阿尔巴尼亚主要支柱产业为农业、工业和服务业，并且尚未正式加入欧盟其发展也是比较缓慢和平稳的，尤其阿尔巴尼亚产业结构并没有发生实质性的转变，主要还是以劳动密集型产业为主。

3. 阿尔巴尼亚经济薄弱制约着其技术贸易的出口

阿尔巴尼亚基础设施落后等制约着其快速发展。

阿尔巴尼亚实行九年制义务教育。2014年，教育支出占其国家年度预算的10.4%，占国内生产总值的3.3%。2013—2014学年，阿尔巴尼亚全国共有公立高校15所，私立高校43所，其中地拉那大学是阿尔巴尼亚最好的综合性大学。注册学龄前儿童81 448名，幼教教师4 462名；注册小学生377 074名，小学教师25 051名；注册中学生151 937名，中学教师8 516名；注册大学生176 173名，大学教师4 904名。

从2014年阿尔巴尼亚的教育状况数据可见阿尔巴尼亚的教育水平较低，受高等教育的人数较少，高校教师人数少。

阿尔巴尼亚从事科研的力量薄弱，不仅从事科研的人数少，而且科研质量差，科研机构与企业合作程度也较低。这样企业技术发明较少，技术创新较弱，阿尔巴尼亚很少有技术和技术产品输出，因此制约了其技术贸易的出口。

4. 欧盟的政治格局制约着阿尔巴尼亚的技术出口

欧盟的政治格局从两个方面制约阿的技术出口。一是欧盟在政治上对中国一直实行严格的技术出口管制政策，阿尔巴尼亚入盟后必定严格执行欧盟的政治路线对中国实施技术出口管制政策。二是欧盟采取统一的经济政策，要求成员国执行相同的经济指标，这样就必然要求财政赤字较为严重的阿尔巴尼亚压缩公共债务。据阿尔巴尼亚财政部的数据显示，截至2015年年底，阿尔巴尼亚公共债务余额为10 432.12亿列克（约合82.82亿美元），同比增长6.67%，占2015年

GDP 比重为 72.21%，阿尔巴尼亚主权担保能力进一步下降。而欧盟、国际货币基金组织和世界银行等均要求阿尔巴尼亚将公共债务率控制在60%以内。

因为压缩公共债务，阿尔巴尼亚很难把更多的经费用于科研投入，这必将制约着阿尔巴尼亚技术贸易的发展。

二、阿尔巴尼亚加入欧盟对两国投资的有利影响

（一）外国投资者保护政策会与欧盟接轨，有助于中国对其投资

一旦加入欧盟，阿尔巴尼亚诸多的投资政策会与欧盟的统一政策接轨，也会完善吸纳外资的法律。这让中国投资者在阿尔巴尼亚的投资更加安全，不用担心自身的权益在阿尔巴尼亚难以得到保障。成为欧盟候选国后，阿尔巴尼亚对外国投资者保护政策做了以下的调整：

（1）外国投资不受事先授权的制约，除了土地所有权外，享有国内投资的待遇。

（2）外国投资享有安全保障，享有国内投资平等和公正的待遇。

（3）外国投资受国际法保护。

（4）对外资不实行没收和国有化。如需征用，不得受到歧视，按法律程序立即得到适当、有效的补偿。

由此可见，阿尔巴尼亚的投资政策有助于外国投资者来阿尔巴尼亚投资。

（二）基础设施会不断完善，有助于中国的投资

阿尔巴尼亚加入欧盟后，势必会得到欧盟的大力扶持。为了将阿尔巴尼亚与欧盟联通，首要的任务就是完善阿尔巴尼亚的基础设施。完善基础一方面为中国提供了投资机会，另一方面又为中国的投资提供了条件。前者是因为中国在基础设施建设方面具有比较优势，后者是因为交通和通信等基础设施为投资的必要前提。

（三）清洁能源标准的执行有助于阿吸纳中国相关的投资

加入欧盟后，欧盟一方面会加大对阿尔巴尼亚的援助，包括经济和技术。欧盟会按照欧盟的技术标准对成员国进行技术改造，如欧盟的清洁能源和欧盟技术在全世界是一流的，欧盟按照清洁能源标准要

求成员国发展清洁能源。由于阿尔巴尼亚能源缺乏，清洁能源投资会成为其能源发展的方向。而中国在清洁能源技术方面具有比较优势，如太阳能发电、水力发电和核能发电。这些将有助于阿尔巴尼亚成为清洁能源技术输入国，有助于中国对其清洁能源的投资。

（四）为了与欧盟并轨而改善投资环境，有助于中国的投资

在得到欧盟援助之前，阿尔巴尼亚政府财政收入主要是通过提高税率的方式来完成，加入欧盟以后，欧盟一方面会要求阿尔巴尼亚降低税率，另一方面将会对于阿尔巴尼亚的政府财政缺口给予补贴，因此，欧盟的财政援助将有助于降低阿尔巴尼亚国内的税率。加入欧盟后，阿尔巴尼亚为了吸收欧盟的投资也会提高投资的便利化水平，这也会有助于中国对阿尔巴尼亚的投资。

（五）欧盟的投资规划有助于阿尔巴尼亚吸纳中国的投资

2014年11月，新当选的欧委会主席容克公布3 000亿欧元的投资计划。欧盟新的战略投资资金达到了210亿欧元。根据官方统计，该投资对经济产生的净效益达到了3 150亿欧元。欧洲投资银行将全面负责为期三年的投资计划。该投资计划以欧洲投资银行和欧盟现有的资金作为种子资金，资助私企主导的投资项目。

2014年12月，欧委会再次公布新投资报告，指明在欧洲有多达2 000个潜在投资项目，投资额价值达1.3万亿欧元。项目是由成员国向欧委会报告，覆盖欧盟确定的五个关键投资领域，包括知识、创新和数字经济，能源，交通，社会基础设施和资源与环境等。而这些领域是中国的技术和产业优势领域，中国和阿尔巴尼亚在这些领域也已经有不少相关的投资合作项目，这在前面已有详细阐述，如地拉那机场、石油和通信领域的合作等，此处不再赘述。因此，欧盟的投资规划将有助于阿尔巴尼亚吸纳中国的投资。

第四节 阿尔巴尼亚加入欧盟对中阿两国经贸合作的不利影响

一、阿尔巴尼亚加入欧盟对两国贸易的不利影响

（一）加入欧盟所产生的贸易转移效应，导致阿尔巴尼亚进口来源地变化

首先，欧盟区域组织的对外封闭性在一定程度上得到加强，欧盟区域内贸易迅速发展，欧盟区域内贸易占欧盟贸易的绝大部分份额，区域外贸易所占的比重不断下降，这不利于中国对阿尔巴尼亚出口贸易。

其次，阿尔巴尼亚在加入欧盟后将实行欧盟统一的对外贸易政策，会提高进口商品的门槛，可能会使中国产品进入阿尔巴尼亚受到阻碍。

再次，中国与欧盟贸易产品的竞争性较强，很容易被替代。中国与欧盟的出口结构具有较高的相似性。中国与欧盟的货物贸易主要集中在工业制成品上，诸如化工、机电、轻纺、塑料及橡胶制品、杂项制品等产品。阿尔巴尼亚对中国和欧盟的贸易也主要是以这几种制成品为主。因此，阿尔巴尼亚可以很容易地用欧盟的产品替代中国产品。另外，从欧盟进口具有零关税成本和低运输成本的竞争优势，在欧盟各国的市场中中国的产品与欧盟各国的产品相比不具备竞争优势。

（二）阿尔巴尼亚将执行欧盟统一的对中国贸易政策，不利于中国对阿出口

欧盟越来越多地采取反倾销、反补贴以及技术标准、卫生检疫等更为隐蔽的手段来实施非关税壁垒。欧盟使用反倾销措施的数量之多为世界各国所公认，而中国正是欧盟反倾销的最大目标。中东欧国家加入欧盟后，均会对中国的贸易出口商品实施欧盟的反倾销措施。

2015—2016年，欧盟先后对中国的12种产品实行反补贴、反倾销政策，同时，减少了对中国关税优惠商品的种类。

阿尔巴尼亚如果加入欧盟，欧盟现有的针对中国的所有贸易政策

与措施都将适用于阿尔巴尼亚，中国产品在进入阿尔巴尼亚时也要缴纳同样的反倾销税，这样就使得中国进入阿尔巴尼亚的门槛会有所提高，加大中国企业的出口成本，甚至会导致一些中国产品被迫退出阿尔巴尼亚市场。

（三）将会抑制中国对阿尔巴尼亚技术出口

阿尔巴尼亚加入欧盟后，欧盟为了克服经济上的不平衡，会对落后的成员国进行经济援助和技术输出，并且这种经济援助和技术输出经常是捆绑在一起的。如欧盟拨款支持阿尔巴尼亚—北马其顿输电线路建设，欧盟提供1 200万欧元（约合人民币8 582万元）资金支持连接阿尔巴尼亚和北马其顿共和国的第一条输电线路建设。欧洲复兴开发银行已经核准了3 700万欧元（约合人民币26 463万元）的贷款提供给该项目，以促进西巴尔干地区能源市场区域一体化。欧洲复兴开发银行的总裁表示，支持重要地区跨区域基础设施建设，创造更大能源市场能够提升能源安全。西巴尔干地区是欧洲复兴开发银行的优先选择。这项工程是欧盟委员会主动发起的，在保加利亚、北马其顿、阿尔巴尼亚、黑山共和国和意大利间建立东西方输电走廊的一部分，还包括从黑山共和国到意大利的海底电缆，这是建立区域电力市场的关键一步。

阿尔巴尼亚一旦加入欧盟，势必会有很多欧盟国家看上这片尚未完全开发的土地。欧洲强国会出口很多先进技术给阿尔巴尼亚，并且由于欧盟的存在，这些国家出口技术的价格相对于很多非欧盟国家也会更加实惠。这意味着阿尔巴尼亚对中国的技术需求会大大降低，中国对于阿尔巴尼的技术出口便会受到巨大的抑制。

阿尔巴尼亚一旦加入欧盟，对于技术的要求也会相对地提高。在很多先进技术上，中国的竞争力还难以与欧洲各国相比，这就会阻止中国很多技术出口至阿尔巴尼亚。

❖ 二、阿尔巴尼亚加入欧盟对中、阿两国投资的不利影响

（一）欧盟的技术援助对中国投资形成挤出效应

1. 欧盟的技术援助所附属的优惠措施形成的挤出效应

欧盟为了加速一体化进程，制定了对经济落后国家进行技术援助

措施，这些措施往往和资金、人才捆绑在一起，这对于欧盟以外的国家来说，存在着竞争优势。

2. 欧盟技术门槛所带来的挤出效应

欧盟的技术水平相对较高，有统一的技术标准，这些标准高于世界技术标准，中国的技术标准低于欧盟技术标准，所以中国投资进入阿尔巴尼亚存在较高的进入门槛。

3. 欧盟老成员国的技术优势形成的挤出效应

阿尔巴尼亚加入欧盟后，欧盟的高度一体化有助于资金、技术和人才在各个成员国之间的自由流动。阿尔巴尼亚存在资源丰富和劳动力廉价的优势，这有利于欧盟内部的资本在此投资设厂。与此同时，欧盟老的成员国如德国、法国等拥有资金和技术的优势，可以利用一体化市场向阿尔巴尼亚进行技术投资。

2010—2015年中国对阿尔巴尼亚直接投资存量自2013年开始就不再有明显上升的趋势，甚至在2015年还存在下降的现象；2010—2015年中国对阿尔巴尼亚的直接投资流量在2013年有较大的增长（当期流量为56），在这之后的两年间，即2014、2015年的当期直接投资流量均为0。由以上两个现象可以得出一个明显的结论，即阿尔巴尼亚加入欧盟，多少存在着抑制中国对阿尔巴尼亚投资的阻力。

（二）有助于欧盟各国对阿尔巴尼亚的投资，形成投资的转移效应

欧盟成员国之间签订有统一的投资协定，包括对投资者进行保护，降低投资成本，促进投资便利化的措施，例如《申根协定》《里斯本条约》。

《申根协定》使各协定签署国之间取消了边界，极大地方便了人员、货物、资金和服务在其内部的自由流动。无论是欧盟成员国家的公民，还是欧盟以外的人员，只要在其中一个国家获得了合法居留和入境签证，就同时获得了申根国家自由通行的权利，因此受到欧盟大多数居民及许多外国游客的欢迎。随着《申根协定》的细化，成员国在教育、卫生、社会服务等多方面开展了合作，使协定成员国公民在众多领域受益于一体化成果。

欧盟设有专门的国际合作与发展总司。据《里斯本条约》的相关规定，欧盟于2011年1月成立对外援助与合作总司，现更名为国际合

作与发展总司。其负责设计欧盟的发展援助政策、相关行业政策和向世界各地开展援助相关事务，协调欧盟各个成员国对外援助事项。该司在合并原欧盟发展总司和欧洲援助办公室的基础上组建，与欧洲对外行动署协调一致，使得欧盟各国在对外援助政策和国际合作方面形成统一声音，增强了欧盟对所有发展中国家发展政策的设计能力，提升了各项发展援助的一致性，同时进一步完善了发展援助项目的执行和交付机制。

欧盟设有专门的经济与财政总司。该司主要致力于提升欧洲民众福利，制定经济政策，促进和确保经济可持续增长、高就业率、稳定的公共财政与金融稳定。

欧洲投资银行对内主要目标是推动欧洲一体化、欧盟平衡发展及各成员国经济和社会统一。主要通过提供低息或者无息贷款，为欧盟公共机构和私营企业项目提供资金便利，以支持欧盟落后地区发展和产业转轨，并促进欧盟交通、通信和能源等方面的发展。欧洲投资银行对欧盟落后地区的贷款占其总贷款的70%左右，其中90%用于欧盟不发达地区的项目开发。

由上述情况分析可得，加入欧盟所产生的投资转移效应，将会导致中国对阿尔巴尼亚的投资转为欧盟对阿尔巴尼亚投资。阿尔巴尼亚加入欧盟后，根据《申根协定》，欧盟人员可以在成员国之间自由流动，这有助于欧盟发达成员国科技人员向阿尔巴尼亚流动，这对于欧盟在阿的投资有促进作用。特别是《申根协定》细化以后，欧盟成员国公民在教育、卫生和社会服务等诸多方面都有收益。这将有助于吸纳欧盟发达成员国的高技术公民进入阿尔巴尼亚工作，这对吸引欧盟各国投资有利。而非欧盟成员国的中国公民针对阿尔巴尼亚的签证和入住均会受到不同程度的限制，这在一定程度上会造成中国投资的挤出效应。根据《里斯本条约》设有专门的机构专门对发展中成员国进行发展援助，这有助于欧盟成员国的投资项目以援助的形式进入阿尔巴尼亚，从而也会对中国的投资造成挤出效应。

第五节　中国政府应对阿尔巴尼亚加入欧盟的对策

❖ 一、加强中国和欧盟谈判，完善反倾销立法

中国政府应适时加强政府职能的发挥，争取国际市场特别是欧盟对中国市场经济地位的承认与认同；政府应加强与欧盟间的谈判，适时更新和完善《中欧贸易与经济合作协定》，加强与欧盟在商品质量监督、检验、检疫等领域的合作，建立和完善技术性贸易壁垒预警机制。另外，政府还应完善反倾销立法，运用WTO规则，妥善解决不合理限制及技术性壁垒，发挥技术贸易合作的巨大潜力，合理补偿因欧盟扩大导致对中方经贸利益的减损。

❖ 二、加大科技投入，优化对阿贸易结构

中国对阿尔巴尼亚贸易商品仍然主要集中在劳动密集型产品上，这种高投入、低效益的出口贸易结构是中国与阿贸易发展的主要制约因素。因此，中国要努力提升中国出口商品的档次，提高出口欧盟的商品的技术含量。另外，还要完善出口产品质量检验检疫体系，加强科技投入，使中国出口商品达到欧洲标准，并根据欧盟各国市场条件不同的情况，实施出口产品的多元化及目标市场的多元化，对欧盟各国具体着重发展不同的贸易，实现中阿贸易的稳步发展。

❖ 三、政府大力扶持中阿企业的合作

中阿企业的合作，就目前而言还不完善，合作潜力无限，这就需要政府的引导，最好能够出台相关的鼓励政策，进一步刺激中阿企业的合作快速发展，一方面巩固中阿贸易的基础，另一方面，抢占先机，开拓市场。

第十四章 新时期中阿经济合作形式和合作前景的展望

第一节 中阿经济合作形式

国家之间的经济合作主要包括四种类型，以中国和阿尔巴尼亚为例，分别是中阿合作、中阿合资、阿尔巴尼亚在中国的独资企业和中国在阿尔巴尼亚的独资企业，以及一种比较特殊的经济合作即中阿两国之间的经济援助。

阿尔巴尼亚现阶段仍处于对外开放的初期。与阿尔巴尼亚相比，中国改革开放的进程远远超过阿尔巴尼亚，跨国企业的数量和规模也远远超过阿尔巴尼亚，所以现阶段，中国对阿尔巴尼亚的投资远远超过阿尔巴尼亚对中国的投资。近年来，随着中国"一带一路"倡议与中国–中东欧"17+1"合作的稳步推进，阿尔巴尼亚作为中东欧地区"一带一路"地中海沿线的重要港口国，正受到越来越多的中国企业的青睐。

中国对阿尔巴尼亚投资规模增长迅速。中国对阿投资从2015年末的投资存量0.87亿美元猛增到2016年年底的7.6亿美元。

中阿经贸合作主要集中在石油、交通基础设施、矿产、能源、通信网络、服务业等领域。

企业并购成为主要的中阿经济合作方式。2016年，以洲际油气收购班克斯阿尔巴尼亚油田、光大控股收购地拉那国际机场为标志，中阿两国在大项目合作上也取得了重大突破，释放出巨大的合作潜能。

❖ 一、中阿两国的合资企业

中阿的合资企业主要是通过企业并购和直接投资两种方式产生的。

(一) 江西铜业收购阿尔巴尼亚铜矿50%的权益

2014年5月，包括中国最大的精炼铜生产商江西铜业在内的企业集团买入那斯柯金属公司旗下阿尔巴尼亚铜矿业务的50%权益。收购完成后，江西铜业将持有那斯柯金属公司48%的权益，北京铁总物通公司和北京迈创公司将各持1%的权益。那斯柯金属公司为土耳其注册的控股型公司，主要通过其在阿尔巴尼亚的全资子公司巴拉萨公司从事铜矿开发业务。中国精炼铜生产商企业集团对那斯柯金属公司50%权益的收购，是中国企业在阿尔巴尼亚少有的合资现象。

(二) 华为与阿尔巴尼亚运营商签订合作协议

2009年4月，华为与阿尔巴尼亚电信运营商鹰移动公司签署了2009年的网络投资合作协议，确定华为对其网络建设投资规模达到2 000万美元。

(三) 阿尔巴尼亚库鲁姆国际公司寻求与中国企业合作

2016年12月，阿尔巴尼亚库鲁姆国际公司表达了寻求与中国企业在钢铁等领域开展产能合作的诉求。库鲁姆国际公司是土耳其库鲁姆集团在阿尔巴尼亚的全资子公司，位于阿尔巴尼亚中部城市爱尔巴桑。库鲁姆国际公司的主要业务为钢坯和建筑用钢筋的生产，兼营石灰和工业氧气生产，以及水力发电等相关业务，该公司同时拥有都拉斯港集装箱码头的特许经营权。由于钢铁行业总体不景气，加之负债过高，该公司已于2016年3月申请破产，于当年12月开始寻求与中国钢铁企业的合作以缓解公司的经营困境。

由于中国的科技水平和技术革新程度远远高于阿尔巴尼亚，所以对于一些中小型企业来说，可以通过使用技术转让、特许经营以及收购阿尔巴尼亚本土企业的一部分股权等方式与阿尔巴尼亚的本土企业进行经贸合作。这种方式相对于全权并购来说成本较小、可行性较大，但是收益和效率也比较小。

❧ 二、中国在阿尔巴尼亚的独资企业

截止到2016年年底，中国已有10余家企业在阿尔巴尼亚投资建厂或设立分公司。

（一）华为等技术公司在电信基础设施方面设立独资公司

华为于2007年在阿尔巴尼亚成立了华为技术阿尔巴尼亚分公司，成立之初主要负责阿尔巴尼亚的通信基础设施建设。从2007年进入阿尔巴尼亚市场以来，凭借过硬的产品质量、完善的技术支持和良好的售后服务，华为迅速成为当地主要通信设备供应商之一，目前已与包括阿尔巴尼亚最大的三家电信运营商在内的众多互联网服务提供商、阿尔巴尼亚政府教育网、电力公司等建立了稳定合作，其提供的产品及网络解决方案已经服务于阿尔巴尼亚全国超过300万的人口，深受用户欢迎。

（二）中国能源公司并购阿尔巴尼亚油田

除了像华为这样直接建立分公司进入阿尔巴尼亚市场外，中国有更多的企业选择通过并购的方式进入阿尔巴尼亚市场。中国企业洲际油气集团实现对班克斯石油公司的收购，意味着中国在能源行业开始对阿尔巴尼亚进行投资。

班克斯石油公司的前身是阿尔巴尼亚国家石油公司，2004年被加拿大班克斯公司收购，其运营的核心资产帕托斯–马林扎油田为除俄罗斯外欧洲大陆上最大的成熟在产油田。该油田年均原油产量约120万吨，对阿尔巴尼亚经济发展具有重要作用。洲际油气集团则是中国国内专门从事石油、天然气勘探与开发的上市公司，在技术研究、管理运营和业务网络方面具有专业优势。2016年9月，洲际油气集团完成了对加拿大班克斯公司100%股权的收购，从而实现了对阿尔巴尼亚油田的投资。

（三）中国投资公司通过并购投资阿尔巴尼亚交通基础设施建设

地拉那国际机场是阿尔巴尼亚最重要的交通枢纽，该机场的乘客人数从2005年的60万增加至2015年的200万，是欧洲乘客人数增长最快的机场之一。中国光大控股有限公司于2016年10月宣布，继

2016年4月签订买卖协议后，现已完成收购地拉那国际机场，即阿尔巴尼亚首都机场的100%股权，并接管地拉那国际机场的特许经营权至2027年。中国光大控股有限公司对地拉那国际机场的资源投入，有助于提升机场设施及硬件配套，使其各方面更臻完善。此外，中国光大控股有限公司在中国的强大影响力，也将有效促进中国与阿尔巴尼亚的双边贸易及旅游等方面的发展。

收购阿尔巴尼亚本土企业，使这些企业变成中国的独资企业，是中国与阿尔巴尼亚经贸合作中最为普遍的方式。这种方式的优点是可以将中国企业的经营理念、管理方式迅速应用到并购的企业中，可以迅速提高企业的管理效率和经营现状。缺点是全权收购需要企业拥有雄厚的经济实力，这对中国的中小型企业来说是遥不可及的。

❦ 三、中阿两国签订的双边贸易条约

在新的历史时期，建立互利的经济关系已经成为中阿经济交往的主流。为了建立互利的经济关系，中国和阿尔巴尼亚签订了一系列条约来促进两国的经贸合作，其中包括：

1993年2月13日，中国与阿尔巴尼亚在北京签署的《中华人民共和国政府和阿尔巴尼亚共和国政府关于鼓励和相互投资保护协定》；2004年9月13日，中国与阿尔巴尼亚在北京签署的《中华人民共和国政府和阿尔巴尼亚共和国政府关于对所得和财产避免双重征税和防止偷漏税协定》。

阿尔巴尼亚签署了《多边投资担保机构公约（MIGA）》，可为中国投资提供政治风险担保。

第二节　阿尔巴尼亚具有吸引中国投资的资源环境

阿尔巴尼亚正处在经济体制改革和经济快速发展的时期，人民生活水平日益提高，这意味着阿尔巴尼亚国内潜藏着巨大的商机。阿尔巴尼亚对中国企业有着巨大的吸引力，中国企业应当密切关注在阿尔巴尼亚的投资机会，通过合资经营、合作经营和独资经营等方式进入

阿尔巴尼亚市场，在服务业和基础设施建设领域成为先驱者，抢占市场先机。对于以占领欧洲特别是中北欧市场为目标的中国企业来 说，阿尔巴尼亚具有明显的区位优势，是中国企业进军中北欧市场乃至西欧市场的重要跳板。

一、较为完善的外资保护措施

阿尔巴尼亚为吸引外资，陆续出台了一些经贸法规，特别是颁布了《外资法》，从法律上对外国投资实行保护。

二、较为便利的外商投资程序

在阿尔巴尼亚，外商投资领域不受限制，政府简化了投资程序，不断改善基础设施，这一切都使其投资环境有所改善。目前外国在阿尔巴尼亚投资的企业达 2 915 家，其中合资企业 1 793 家，外商独资企业 1 122 家。

三、吸引外资的自然资源优势

（1）地理位置优越，邻近西欧发达国家市场，产品销往欧盟市场，具有物流成本优势。

（2）劳动力资源丰富，劳动力成本低。

（3）自然资源丰富，主要矿藏有石油、铬、铜、镍、铁、煤等。探明石油储量约 4.37 亿吨，铬矿储量 3 730 万吨，水力资源较丰富。

（4）自然条件优越、气候温和，少有严重自然灾害。

四、较为自由和谐的人文环境

（1）经济自由度排名较为靠前。世界传统基金会和《华尔街日报》共同发布的《2016年经济自由度指数》报告显示，阿尔巴尼亚在全球178个经济体的经济自由度排名中，居第59位。

（2）信用评级优良。截至2015年12月，国际评级机构穆迪对阿尔巴尼亚主权信用评级为B1，展望为稳定。截至2016年2月，国际评级机构标普对阿尔巴尼亚主权信用评级为B+/B，展望为稳定。

❀ 五、市场发展潜力较大

（1）投资空间较大。根据美国CIA数据，2015年，阿尔巴尼亚家庭消费总额约占GDP的82.1%，投资总额约占GDP的26.7%。由此可见，阿尔巴尼亚投资占比过低，未来投资空间较大。

（2）消费有待升级，市场空间广阔。根据阿尔巴尼亚国家统计局公布的数据显示，2014年阿尔巴尼亚人均月消费水平8 939列克（当时约合85美元），其中食品消费占56.5%，非食品消费占22.5%，教育消费占3.8%，耐用电器消费占0.7%，基本需求消费占16.5%。阿尔巴尼亚消费还处于初级水平，随着经济增长和消费升级，未来的消费空间较大。这些都是吸引外资的潜在巨大市场。

❀ 六、加入欧盟后扩大的市场空间

1. 一个拥有5亿多消费者的统一市场

统一的市场带动欧元区出口的增长，使得欧盟出口实现顺差。2014年以来，欧元区出口增长，2015年贸易顺差创下历史新高，欧盟也实现了贸易顺差。2015年全年欧元区出口同比增长5%，进口增长2%，顺差2 460亿欧元；欧盟出口同比增长5%，进口增长2%，顺差642亿欧元。

2. 经济与政治环境总体健康稳定

2015年第四季度，欧元区经济环比增长0.3%，同比增长1.5%，与预期水平相同，全年经济增速1.5%，为2011年以来的最高水平。2016年欧元区经济增速为1.7%，欧盟28国为1.9%。2017年欧元区国内生产总值（GDP）增长2.3%，据统计2018年上半年欧盟28国和欧元区19国的GDP与去年同期相比实际增长了2.2%，由此可见，欧盟总体政局平稳，经济发展稳中有升。

3. 法律体系完善透明

欧盟具有比较系统和完善的多边贸易体系。欧盟与韩国、乌克兰、哥伦比亚、新加坡等国的自由贸易协定已经实施，与越南、加拿大、印尼、日本和南共体等结束谈判，并签订了自由贸易协议；与美国、印度、泰国、菲律宾等的谈判正在进行，2018年开启了与澳大利亚、新西兰等贸易伙伴的谈判。欧盟在全球的双边自由贸易协定网络已经初具雏形。

欧盟会与其他新加入欧盟的欧洲国家之间签订全面的经济贸易协定。通过经济贸易协定，欧盟给予西巴尔干地区单向优惠政策，包括所有货物（农产品例外）免税准入。

欧盟已分别与阿尔巴尼亚、黑山、塞尔维亚、波黑、乌克兰以及科索沃地区签署了《稳定与联系协定》。《稳定与联系协定》涉及竞争、国家资助、知识产权、服务贸易等内容，目标是在过渡期后建立自由贸易区。通过自由贸易区阿尔巴尼亚可以掌握国际投资和贸易规则，可以培养出本国具有国际竞争力的国际企业，这些企业将可能成为对中国投资的主力。

4. 高水平的劳动力素质和科研能力

科技含量高与缺乏优势产品相比，欧盟当前更加注重高技术贴牌发展。欧盟重视和鼓励对研发和创新的投入，并在第三国市场不断加强对其知识产权的保护和执法。

5. 产业集群的优势

欧盟在高端制造业拥有比较优势，如化工、医药、航空、机动车辆、精密仪器等产业。优质、品牌及配套服务，使欧盟制造产品得以高价销售。这种高价位产品不仅包括奢侈消费品，还包括半成品、机械及运输设备等。欧盟前十大出口产品中，机电产品占据6席，多为高端产品，质优价高，约占欧盟总出口的近40%。

第三节　中国企业在阿尔巴尼亚投资前景展望

阿尔巴尼亚政府鼓励外资在各个领域进行投资，其重点是农业、建筑业、旅游业、加工业、矿业以及能源、交通、电信等基础设施。由此可见，阿尔巴尼亚在港口、铁路、公路、电站、通信等基础设施建设行业有巨大的需求。

一、增加基础设施方面的投资

1. 阿尔巴尼亚基础设施发展现状及发展规划

阿尔巴尼亚基础设施发展比较落后，没有轻轨、管道运输线路，目前首都地拉那市有发展城市轻轨的规划。阿尔巴尼亚政府对未来基础设施的发展规划为：基础设施建设服务于经济社会发展的大需求，直接贡献于经济增长和就业，优先建设与周边国家互联互通的交通基础设施。负责部门主要有交通和基础设施部，工业能源部，经济发展、旅游、贸易和企业部等。

阿尔巴尼亚财政资金紧张，亟须引进外资帮助其发展铁路、海运、电力等基础设施建设。

2. 中国基础设施建设的优势

中国在基础设施建设方面有较强的实力和丰富的经验，尤其在高铁建设领域，中国更是处于世界顶尖水平。

3. 基础设施投资方式

阿尔巴尼亚政府发展重点基础设施建设项目，大力推动 PPP 的投资模式。一般采取授予特许经营权的方式，企业和政府签署特许经营协议，在某些领域以 BOT 的方式投资建设。因此，中国企业可以向阿尔巴尼亚政府积极寻求以工程承包、PPP、BOT 等多种方式参与阿尔巴尼亚基础设施建设的机会。

二、增加在农业方面的投资

1. 阿尔巴尼亚的农业发展水平

阿尔巴尼亚属于亚热带地中海气候，自然条件比较适合农业生产。由于农业生产的机械化程度低，土地块小、零碎，农区基础设施差，工艺和组织管理水平低以及缺乏资金、农机具、化肥、农药、种子等，阿尔巴尼亚近几年的粮食产量逐年下降，单位面积产量仅为1990年前的2/3。粮食不能自给，每年需进口小麦30万~40万吨。加工食品只能满足25%的市场需求，剩下的75%需依靠进口。

在阿尔巴尼亚，农业的产值占 GDP 的比例始终保持在20%以上。由此可见，农业产值在阿尔巴尼亚的总产值中所占比重很大，但是由于技术等各种原因，使得阿国农业整体技术水平较低。

2. 阿尔巴尼亚对中国的农业投资需求

中国一直是一个农业大国，在粮食生产方面有较为先进的技术。所以，中国企业可以加大对阿尔巴尼亚农业方面的投资，并将之作为一个突破口，由此打开对阿贸易的窗口，积极扩大中阿农业合作的空间。

3. 中阿农业合作方式

建议以农作物种植技术、有机农业技术、动物疫病防控等领域为重点，积极推进中阿农业合作，并依托当地农业优势，尝试建立一批特色农产品产业园。

三、增加在矿产开采方面的投资

阿尔巴尼亚是世界上铬矿资源比较丰富的国家，其3 730万吨的储量仅次于南非、哈萨克斯坦、津巴布韦、芬兰、印度和土耳其，在欧洲各国之中居第二位。其中铬含量在18%~38%的矿石储量为2 920万吨，含量在38%~42%的矿石储量有200万吨，含量在42%以上的矿石有610万吨。1990年以前，阿尔巴尼亚是世界上铬矿石生产和出口最主要的国家之一。其铬矿石生产仅次于南非，居世界第二位，铬矿石出口居世界第三位。由于资金、技术和体制变化等原因，近年来阿尔巴尼亚铬矿石生产逐年下降。

铬是发展冶金、国防、化工等工业不可缺少的矿产资源。中国的铬矿资源相对贫乏，现已探明的铬矿储藏量仅1 000万吨，主要分布于西藏、新疆等地，受交通不便等因素的制约，目前实际得到开发利用的铬矿极少。

今后相当一段时期内，中国对铬矿石的需求仍将主要依赖国外进口来满足。而阿尔巴尼亚拥有较丰富的铬矿资源，其原有铬矿厂设备陈旧，工艺技术相对落后，急需投资进行改造。中国铬矿资源贫乏，但需求巨大。这一现实情况为中国企业投资开发阿铬矿提供了现实可能性。二十世纪六七十年代，中国向阿尔巴尼亚援建了包括铬矿在内的大批工业项目，也使中国参与阿铬矿投资具有一定基础。

目前阿尔巴尼亚最重要的几个铬矿企业已陆续被意大利公司抢先获得特许经营权。中国企业应加大对阿尔巴尼亚的投资和关注，抓住时机主动参与阿铬矿资源的开发。

四、增加两国在能源方面的合作

（一）能源合作的领域

中国在石油资源的勘探、开采方面拥有非常丰富的经验和良好的技术。在二十世纪六七十年代对阿尔巴尼亚进行过相关的技术援助，因此，对阿尔巴尼亚油田相对较熟悉，具备继续合作的基础。水电是阿尔巴尼亚的优势能源，也是中国的特色能源，中国在近年来的水电站建设中积累了丰富的经验，因此，水电站可以成为双方合作的领域。太阳能和光伏是中国近年过剩产能，阿尔巴尼亚的太阳能开发潜力较大，但因为资金和技术问题，开发力度较小，尚处于低层次开发水平，因此太阳能和光伏也是双方潜在的合作领域。

（二）能源合作的方式

1. 在水电站建设方面，可以通过特许经营方式

阿尔巴尼亚属亚热带地中海气候，境内河流众多，水力资源较为丰富，适合发展水电。但由于资金限制，阿尔巴尼亚目前水力资源只利用了30%，未开发的水力资源每年约可发电68亿千瓦时。

随着经济的发展，阿尔巴尼亚电力需求每年都以10%的速度增长，造成阿尔巴尼亚电力供应的紧张。2005年阿尔巴尼亚全国用电量需60亿千瓦时，国家可发电40亿千瓦时，其余20亿千瓦时需进口。

据悉，阿尔巴尼亚圣特扎公司日前明确表示希望寻找一家中国水电公司在代沃利河上合资修建6兆瓦水电站。因此，中国企业可以抓住阿尔巴尼亚的需求，以特许经营方式加大对阿尔巴尼亚电力方面的投资。

2. 在石油开采方面的合作，主要采取并购方式

班克斯石油公司的前身是阿尔巴尼亚国家石油公司，2004年被加拿大班克斯公司收购，其运营的核心资产帕托斯-马林扎油田为除俄罗斯以外欧洲大陆上最大的成熟在产油田。油田年均原油产量约120万吨，对阿经济发展具有重要作用。洲际油气集团则是国内专门从事石油、天然气勘探与开发的上市公司，在勘探和开发技术、管理运营和业务网络方面具有专业优势。2016年9月，洲际油气集团完成了对加拿大班克斯公司100%股权的收购，从而实现了对阿尔巴尼亚油田的投资。

3. 在太阳能光伏方面主要采取合资方式

考虑到欧盟对于中国光伏产业采取干预的方式，通过合资方式可以避免相关的障碍。

（三）中阿能源合作前景展望

1. 合作方式展望

合作方式按照合作、合资到独资的顺序循序渐进。企业并购可能是目前中国资本快速进入阿尔巴尼亚市场的最佳方式。

除此之外，建立能源工业园区是阿尔巴尼亚出面支持能源国际合作的主要方式。阿尔巴尼亚是巴尔干半岛地区中唯一没有开发工业园区的国家，这也成为制约其吸引外资的一个重要因素。为了吸引国际投资，阿尔巴尼亚迫切需要设立工业园区来吸引包括来自中国的国际投资。

目前，斯皮塔里是阿尔巴尼亚最具工业园区开发条件的地方，开发区规划地点位于阿尔巴尼亚最大的港口城市都拉斯，占地面积101.2公顷，紧邻都拉斯港，距阿国首都地拉那37千米，距地拉那国际机场30千米。2016年12月，阿尔巴尼亚经济发展、旅游、贸易和企业部（简称"经济部"）发布都拉斯斯皮塔里经济技术开发区（简称"斯皮塔里开发区"）的招标公告。此次招标的合同内容包括对斯皮塔里开发区的建设、开发、维护和运营，合同期限99年。招投标过程将采用竞争性程序，需缴纳1 500万列克（约83万元人民币）的投标保证金。但最终因为园区条件缺乏吸引力而失败。此后，阿政府对斯皮塔里开发区又进行过两次招标，但均以失败告终。2017年3月3日据阿尔巴尼亚每日新闻报道，阿经济部宣布开启斯皮塔里经济技术开发区的第四次招标程序。

另外阿尔巴尼亚能源公司迫切希望与中国公司进行合作。如2016年11月18日阿尔巴尼亚库鲁姆国际公司（Kürüm International，以下简称库鲁姆国际）表达了寻求与中国企业在钢铁等领域开展产能合作的诉求。

库鲁姆国际是土耳其库鲁姆集团（KÜRÜM Group）在阿的全资子公司，位于阿中部城市爱尔巴桑，距阿首都地拉那约45千米，距阿最大的港口城市都拉斯约80千米。据库鲁姆国际公告，其主要业务为钢坯和建筑用钢筋的生产，兼营石灰和工业氧气生产，以及水力发电等相关业务，该公司同时拥有都拉斯港集装箱码头的特许经营权。具体产能情况如下：其下属冶炼厂的装机年产能为65万吨钢坯，热轧钢厂的最大产能为40万吨～45万吨建筑用钢筋。该公司同时经营阿尔巴尼亚唯一一家石灰生产厂，并于2013年在阿购买了4座建成且正在运营的水电站，总装机容量77兆瓦，年发电量约为40万兆瓦时。由于钢铁行业总体不景气，加之负债过高，该公司已于2016年3月申请破产。日前，该公司又向地拉那法院递交了延期破产的申请，正在履行相关行政程序。据悉，该公司目前负债额为2.2亿欧元（库鲁姆集团总负债约3.7亿欧元），主要债权人为国际金融公司、黑海贸易发展银行、奥地利莱弗森银行等。

2. 合作领域展望

合作领域先从传统能源开采入手，然后再逐步进入新能源领域，尤其是太阳能、光伏领域。

3. 合作前景展望

随着阿尔巴尼亚开放度的提高，其国内法律进一步完善，投资环境会进一步改善，这有利于中国在能源领域与其进行合作。中国应该利用中国–中东欧"17+1"合作平台，利用多边对话机制来发展与阿尔巴尼亚的能源合作。随着阿尔巴尼亚能源领域的开放，能源领域竞争将会日益激烈。特别是阿尔巴尼亚的能源市场较小，可能会遇到很多新的风险和矛盾，因此，中国的投资人应未雨绸缪，提前加以预警和防范。

五、增加两国在土地方面的投资合作

近年来，阿尔巴尼亚政府为吸引外国投资而推出"一欧元倡议"的土地政策，即对投资生产所需的土地和其他国有资产，象征性地征收税费。

阿尔巴尼亚土地法规定，除国家和政府机关、历史遗址、国家公园、公共机构和公共基础设施所占土地为国家所有外，其余土地如农田、建筑用地等将逐渐实现私有化。因公共利益需要，国家可征用私人土地，但需支付适当的征用补偿金。阿尔巴尼亚法律禁止外国企业或个人直接购买阿尔巴尼亚的土地，但允许外国投资者或个人在阿尔巴尼亚设立商业公司，并以该公司名义购买或租赁阿尔巴尼亚土地，租赁期最长可达99年。

阿尔巴尼亚土地政策有助于外资进入该国，中国企业可以考虑对其的直接投资。

✿ 六、增加其他领域的投资合作

阿尔巴尼亚石油、铜等矿产资源相对丰富，电力设备等关键工业设备生产能力较差，劳动力成本低于西方发达国家，和中国在石油化工、电力设备制造、纺织服装、电子产品等领域的产能合作空间较大。建议以阿尔巴尼亚国内区位优越、政策环境较好的斯皮塔里、科普里库等地区为重点，鼓励中国国际经营能力较强的企业赴阿尔巴尼亚开展国际产能合作，建立加工制造基地和参与开发区运营等。

第四节　　中阿贸易合作所面临的机遇与挑战

✿ 一、中阿贸易合作所面临的机遇

1. 阿尔巴尼亚加入多边贸易体系所带来的机遇

阿尔巴尼亚同50多个国家有贸易往来。为了使阿尔巴尼亚在加入欧盟的进程上走得更快，阿尔巴尼亚于2000年加入了世贸组织。2004年，阿尔巴尼亚与欧盟签署了自由贸易协定，同时与克罗地亚签署了加入欧盟合作议定书。目前阿尔巴尼亚与保加利亚已开始了自由贸易，与罗马尼亚、波黑等国的自由贸易协议也将很快生效。

2. 中欧班列的开通给中阿两国的贸易合作带来机遇

阿尔巴尼亚有着极好的地缘优势，毗邻西欧各国，与意大利隔海相望。由于基础设施建设的不足，导致阿尔巴尼亚没有能充分利用好本国的地缘优势。亚欧之间的物流通道主要包括海运通道、空运通道和陆运通道，中欧班列以其运距短、速度快、安全性高的特点和绿色环保、受自然环境影响小的优势，已经成为国际物流中陆路运输的主要方式。中欧班列的开通为中国商品出口到中东欧各国提供了极大的便利。虽然中欧班列暂时还不经过阿尔巴尼亚，但是随着"一带一路"倡议的贯彻落实，阿尔巴尼亚未来可能成为中国与西欧各国贸易的国际中转站。中欧班列物流组织日趋成熟，班列沿途国家经贸交往日趋活跃，国家间铁路、口岸、海关等部门的合作日趋密切，这些有

利条件，为铁路进一步发挥国际物流骨干作用，在"一带一路"倡议中将丝绸之路从原先的"商贸路"变成产业和人口集聚的"经济带"起到重要作用。

❊ 二、中阿贸易合作所面临的挑战

1. 阿尔巴尼亚加入欧盟给中阿经贸合作带来的挑战

阿尔巴尼亚加入欧盟后，会加强与欧盟各国的经贸合作和紧密联系，从而会削弱其与其他国家的联系和经贸合作。中国作为阿尔巴尼亚一个比较重要的贸易伙伴，中阿两国的贸易关系会受到很大的影响。阿尔巴尼亚的贸易伙伴主要集中在欧洲地区，与欧盟国家的贸易占阿对外贸易的80%以上。

据《阿尔巴尼亚人报》报道，阿尔巴尼亚交通和基础设施部部长哈吉纳斯托2014年2月在地拉那与科索沃地区以及黑山、北马其顿同行举行会晤，探讨各国进一步实现基础设施服务一体化的可能，哈吉纳斯托呼吁各国在铁路、航运和空运领域进行更紧密的合作，扩大本地区交通市场一体化和自由化，制定统一的基础设施建设标准，体现了阿尔巴尼亚与区域内国家加强基础设施领域合作的意愿。

由欧盟对中国的贸易政策就可以推断，阿尔巴尼亚加入欧盟后，会更积极发展与区域内和周边国家的贸易关系，从而减小对中国贸易进出口的依赖性。针对近年来阿尔巴尼亚对中国的贸易逆差逐步增大，阿尔巴尼亚会随同欧盟一道对中国采取相应的贸易保护措施。

2. 欧盟的贸易保护主义思潮给中阿贸易合作带来的挑战

在次贷危机后，防御性的贸易保护主义开始抬头。防御性保护主义包括规制型贸易保护主义（尤其在产品水准上）和"爬行贸易保护主义"两种。欧盟的"爬行贸易保护主义"并没有要求阿尔马尼亚使用传统的贸易保护主义措施（指关税壁垒以及单纯的非关税壁垒），而是要求阿尔巴尼亚升级贸易防护体系。在对华贸易防护措施中，在中欧光伏争端之后，关于欧盟给予新兴经济体更多"杠杆作用"的建议最终被否决了。又如欧盟想方设法规避承认中国的市场经济地位，并借机提升其贸易保护体系。在欧盟委员会2016年11月提出的立法倡议中，欧方提出了贸易保护的新手段，其核心是对特定行业在特定情况下出现的"倾销"行为，采取精确的重点打击手段。例如，如果欧方认定中国的钢铁行业出现产能过剩或是产品价格中包含国家补贴的成分，将征收高达数倍的反倾销税，以阻挡中国产品对欧洲市场的冲击。

　　阿尔巴尼亚加入欧盟势必会使其融入整个欧洲的经济体中，而欧盟的这种保护贸易主义措施必定会给中阿的双边贸易合作带来挑战。

第五节　改善中阿经贸合作投资环境的建议

一、政治环境方面

　　中国应继续巩固中阿两国之间的传统友好合作关系，扩大两国交往领域，为深化两国经贸往来打好坚实的基础。在促进中阿贸易往来的问题上，中国应密切关注阿尔巴尼亚内外经济形势的变化，这将成为中阿双边贸易的又一关键因素。

　　从和欧盟共同推进国际产能合作和"一带一路"倡议的大局出发，秉承政府引导、市场主导的原则，积极务实开展中阿经贸技术合作。重点鼓励国际竞争力较强、具备对阿合作独特优势的企业赴阿建设新型工业园区和加工制造基地，借此进入欧盟市场；积极对接阿尔巴尼亚经济发展规划，综合考虑短期商业的可行性和长期经济利益，积极稳妥参与阿国国内基础设施建设以及阿尔巴尼亚和意大利、希腊、黑山等邻国的跨境基础设施互联互通重大项目，逐渐提升阿尔巴尼亚在中国和中东欧国家甚至欧盟合作中的支点功能；加快推进中阿贸易投资便利化进程，为两国经贸合作创造有利环境。

　　1. 有序推进中阿国际产能合作

　　阿尔巴尼亚的石油、铜等矿产资源相对充裕，电力设备等关键工业设备生产能力较差，劳动力成本低于西方发达国家，和中国在石油化工、电力设备制造、纺织服装、电子产品等领域的产能合作空间较大。建议以阿尔巴尼亚国内区位优越、政策环境较好的斯皮塔里、科普里库等地区为重点，鼓励中国国际化经营能力较强的企业赴阿尔巴尼亚开展国际产能合作，建立加工制造基地和参与开发区运营，以此为跳板进入欧盟市场。

2. 搭建中阿产业园区建设平台

受历史因素影响，阿尔巴尼亚对外开放水平较低，是巴尔干半岛地区唯一没有正规工业园区的经济体，这已对其经济发展形成严重制约。建议在中国–中东欧"17+1"合作机制的顶层设计下，参考苏州工业园等中国国内产业园区的成功经验，引导中国知名园区开发企业在阿尔巴尼亚建设1~2个现代新型工业园区，为中国以及欧洲国家赴阿尔巴尼亚开展经贸投资合作搭建良好平台。

3. 充分利用"容克投资计划"对接中阿欧三方合作项目

积极鼓励阿尔巴尼亚参与欧盟"容克投资计划"战略。综合考虑商业利益、品牌推广、国家战略等因素，充分发挥中国在基础设施建设、关键技术等领域的优势，在阿尔巴尼亚重点打造1~2个与中国"一带一路"倡议、国际产能合作战略和欧盟"容克投资计划"对接的示范项目，提升中国的国际影响力，拓展中国国际合作空间。

4. 积极推进中阿贸易便利化建设

加强和阿尔巴尼亚在通关、签证、跨境电商等领域的合作，积极推进两国检验检疫结果互认，为中国和阿尔巴尼亚在商品贸易和旅游等领域的合作创造良好的外部环境，进一步扩大双边商品贸易和服务贸易规模。

二、经济环境方面

中阿贸易结构单一，以及国际大宗商品价格水平长期处于低位等因素造成的中阿贸易受阻的情况，要从根本上解决问题，就必须扩大贸易规模，丰富贸易结构，中国与阿尔巴尼亚的贸易规模有很大的提升空间。而制约双边贸易发展最直观的问题就是中阿贸易结构单一，所以，在中阿未来的合作贸易中，中方应当积极扩大贸易规模，丰富双边贸易的形式。从具体措施来看，可以分为以下几点：

1. 提升双边农业合作水平

由于阿尔巴尼亚农业占GDP比重超过20%，由此可见阿尔巴尼亚农业产值在阿尔巴尼亚的总产值中所占比重很大，但是由于技术等各种原因，使得阿尔巴尼亚农业整体技术水平较低，所以，这可以作为一个突破口，中国可以利用自身农业发展的优势来打开对阿农业贸易的窗口，积极提升中阿农业合作的空间。建议以农作物种植技术、有机农业技术、动物疫病防控等领域为重点，积极推进中阿农业合作，并依托当地农业优势，尝试建立一批特色农产品产业园。在此基础上，推动贸易结构的丰富化以及双边贸易方式的多样化，最后扩大贸易规模。

2. 以阿尔巴尼亚在应用技术领域的迫切诉求为突破口，加强科技人文合作

中阿企业可以联合建设一批科技转移中心、联合研发中心等创新载体，实施若干重点科技援助项目，以此为契机推动中国技术、标准"走出去"。

3. 以阿尔巴尼亚的基础建设为突破口，扩大贸易规模

中阿在基础设施建设领域合作蕴含着巨大机遇。中国企业在基础设施建设方面有较强实力和丰富经验。中东欧国家在港口、铁路、公路、电站、通信等基础设施方面具有较大的发展需求。目前，中国企业正在积极寻求以工程承包、PPP、BOT等多种方式参与阿尔巴尼亚基础设施建设的机会，并已取得初步成效。中方政府主管部门、金融机构和企业应根据阿尔巴尼亚的需求尽快确定重点项目。在合作过程中，中国企业需认真遵守当地法律，并努力适应阿尔巴尼亚的市场环境。由于阿尔巴尼亚的基建水平和经济实力与中国相差甚远，所以对于阿尔巴尼亚，可积极推动输出中国标准，以装备制造为重点的产业合作大有可为。中国企业在基础设施建设方面有成熟经验和技术，铁路、电力、港口、化工机械等装备质量好、性价比高，在国际市场上具有竞争力。将中国装备制造与阿尔巴尼亚基础设施建设有效对接起来，不仅可以促进阿尔巴尼亚经济发展，也可以充分利用中国装备产能，实现互利共赢。尤其在高铁建设方面，双方互补性强，合作有助于打造中欧物流新动脉，产生较好的经济效益。而环保和能源方面的合作有助于满足阿尔巴尼亚在核电、风电、水电、太阳能发电等清洁电力领域的需求。

✿ 三、金融环境方面

构建新的投融资合作框架。中国与包括阿尔巴尼亚在内的中东欧国家在投融资领域已经设立100亿美元专项贷款、30亿美元的中国−中东欧投资合作基金"。2014年11月，中国宣布出资400亿美元成立

"丝路基金"，将为中国与"一带一路"沿线的中东欧国家开展合作提供有力的投融资支持。在上述资金带动下，中国、阿尔巴尼亚可以市场化运作为基础，结合既有的投融资安排，加快推动投融资模式创新，打造中国–阿尔巴尼亚投融资合作新框架。包括：提高100亿美元专项贷款的优惠力度，降低融资成本；推动本币结算，进一步促进双边贸易与投资；启动第二期10亿美元的中国–中东欧投资合作基金，推动股权投资，鼓励中国企业和金融机构积极参与阿尔巴尼亚的公私合营合作和私有化进程；促进阿尔巴尼亚企业与金融机构在中国境内发行人民币债券等。

四、社会文化环境方面

中国企业在阿尔巴尼亚投资经营，要尊重当地的文化习惯和文化忌禁，处理好与当地居民的关系，集中表现为以下几点：

1. 了解当地文化

不仅要学习当地语言并了解当地文化，更要了解与之相随的文化禁忌和文化敏感问题。这是中国企业与当地民众建立和谐关系的关键因素。

2. 实现人才本土化

可以聘用当地人员参与企业管理，增加当地就业，并借助他们向当地民众传递中国文化及和谐相处、互利共赢的理念。

3. 设立企业开放日

在中国传统节日向当地民众开放企业，邀请当地民众到企业参观，向当地人展现中国企业的设施和工作环境，使当地民众更好地了解中国企业的意图和中国文化，建立与当地人民更加积极和谐的关系。

4. 参加社区活动

切实履行社会责任，把企业当作社区的一员，关注当地民众关心的热点问题，投入一定的人力和资金，参与社区的公益活动，拉近与当地民众的距离。

5. 在文化教育方面给予帮助

在阿尔巴尼亚创办孔子学校，举办中阿两国文化交流节等，都是促进两国文化交流的极好的方法。另外，我国各种文化产业可以适当出口一些文化产品到阿尔巴尼亚，如优秀的电影产品和书籍等。这些援助和合作都可以加快阿尔巴尼亚的现代化进程和提高阿尔巴尼亚人民的综合素质，也可以促进两国之间的其他合作。

第六节　中阿贸易合作的前景展望

一、增加中国企业在阿尔巴尼亚的技术出口

1. 阿尔巴尼亚科学技术发展现状

科学技术是第一生产力。阿尔巴尼亚现在依然是一个发展中国家，科技实力薄弱，知识产权意识淡薄。在阿尔巴尼亚经济腾飞的道路上，科学技术水平制约着阿尔巴尼亚的经济发展。

2. 中国技术贸易的比较优势

相比于阿尔巴尼亚，中国有更多先进的技术，这些技术可以提高阿尔巴尼亚的生产效率。中国可以通过国际技术贸易等方式把中国一些先进的技术转让给阿尔巴尼亚的当地企业。

3. 中阿技术贸易方式

（1）许可贸易方式

国际技术贸易所采取的方式有带有技术转让性质的设备硬件的交易和专利、专有技术或商标使用许可贸易等。

（2）特许经营方式

通过特许经营等方式实现中阿两国的经济合作，实现互利共赢。

（3）技术援助方式

中国还可以用技术援助的方式转让提供两国的科技合作，其具体方式有：交换科技情报、资料、仪器样品，召开科技专题讨论会，专家互换与专家技术传授，共同研究、设计和试验攻关，建立联合科研机构和提供某些方面的技术援助等，建设一批科技转移中心、联合研发中心等。

4. 技术贸易领域

技术贸易领域尤其在高铁技术方面，双方互补性强，合作有助于打造中欧物流新动脉，产生较好的经济效益。而环保和能源合作有助于满足阿尔巴尼亚在核电、风电、水电、太阳能发电等清洁电力领域

的合作需求。

5. 技术贸易前景

目前，中国对阿尔巴尼亚贸易商品仍然主要集中在劳动密集型产品上，这种高投入、低效益的出口贸易结构是中国与阿贸易发展的主要制约因素。因此，中国要努力提升出口商品的档次，提高出口商品的技术含量。

另外还要完善出口产品质量检验检疫体系，加强科技投入，使中国出口商品达到欧盟标准，并根据欧盟各国市场条件不同的情况，实施出口产品的多元化及目标市场的多元化，实现中阿贸易的稳步发展。

二、增加文化旅游的贸易合作

1. 文化贸易合作

（1）依托孔子学院进行文化合作

中国文化在阿尔巴尼亚应该有很大的市场和群众基础，目前在地拉那已经建有孔子学院。中国可以依托孔子学院举办中阿两国文化交流节等。

（2）出口文化产品

中国各种文化产业可以适当出口一些文化产品到阿尔巴尼亚，如优秀的电影产品、音乐和书籍等。

（4）多元化文化产品

积极推进两国在舞台艺术、足球等领域的合作。

（5）实现人才本土化

可以聘用当地人员参与企业管理，增加当地就业，并借助他们向当地民众传递中国文化及和谐相处、互利共赢的理念。

（6）设立企业开放日

在中国传统节日向当地民众开放企业，邀请当地民众到企业参观，向当地人展现中国企业的设施和工作环境，使当地民众更好地了解中国企业的意图和中国文化，建立与当地人民更加积极和谐的关系。

（7）参加社区活动

切实履行社会责任，把企业当作社区的一员，关注当地民众关心的热点问题，投入一定的人力和资金，参与社区的公益活动，拉近与当地民众的距离。

2.旅游服务贸易的合作

阿尔巴尼亚的旅游业也是阿尔巴尼亚国民收入的重要来源。阿尔巴尼亚环境优美,气候宜人,每年都会有很多外籍游客前往阿尔巴尼亚游玩,但是阿尔巴尼亚对本国的旅游管理不够完善。阿尔巴尼亚的旅游业有着巨大的发展前景。中国企业可以在阿尔巴尼亚建设若干个文化旅游城,一方面可以完善阿尔巴尼亚对旅游业的管理,另一方面中国企业也可以从中获取收益。

参考文献

［1］ В.П.Нерознак,陈勇,许高渝,张家骅. 阿尔巴尼亚语. 外语学刊, 2016(5)：13-14.

［2］ Doing Business. Doing Business 2017：Equal Opportunity for All Economy Profile 2017 Albania. World Bank Group, 2016.

［3］ Environmental Performance Index Report 2017. Yale Center for Environmental Law & Policy, 2017.

［4］ Erjon Hitaj. Environment Protection Under the Albania Domestic Legislation. European Scientific Journal, 2015(11):611-620.

［5］ The World Bank. World Development Report 2016: Digital Dividends. The World Bank, 2016.

［6］ Klaus Schwab, World Economic Forum. The Global Competitiveness Report 2015—2018. World Economic Forum, 2017.

［7］ World Economic Forum. The Global Enabling Trade Report 2016. World Economic Forum, 2016.

［8］ 中国信保. 阿尔巴尼亚投资与经贸风险分析报告. 国际融资, 2009 (10)：61-63.

［9］ 中国贸促会. 阿尔巴尼亚五大发展方向. 中国贸易报, 2016(4)：1.

［10］ 蔡祖淼. 阿尔巴尼亚主要政党简介. 东欧中亚研究, 1992(5)：93-96.

［11］ 对外投资合作国别（地区）指南：阿尔巴尼亚. 商务部国际贸易经济合作研究院, 2016(12)：3-9,29,42-43,54-57.

［12］ 对外投资合作国别（地区）指南：欧盟. 商务部国际贸易经济合作研究院, 2016(12)：51-74.

[13] 高民. 浅谈阿尔巴尼亚的改革. 国际政治研究,1991(02):44-48.

[14] 韩恩泽,朱颖超,张在旭. 基于Fuzzy-AHP的中国石油企业海外投资风险评价. 河南科学,2010(02):235-239.

[15] 黄陵渝. 阿尔巴尼亚的宗教. 苏联东欧问题,1991(5):71-74.

[16] 李大伟. 阿尔巴尼亚经济最新形势及中阿合作的思路及建议. 中国经贸导刊,2017(19):56-58.

[17] 李维新. 我国自主汽车企业海外投资风险及对策. 汽车工程师,2009(7):12-16.

[18] 卢静. 欧盟拨款支持阿尔巴尼亚-马其顿输电线路建设. 中国电力,2016(3):33.

[19] 闵凡祥. 全球化、一体化对欧盟劳动力市场的影响. 苏州科技学院学报(社会科学版),2004(8):102-107.

[20] 庞晓雪. 欧盟技术性贸易壁垒对我国出口产品的影响及对策. 特区经济,2009(12):236-238.

[21] 申万,柴玮. 煤炭行业海外投资国别风险评价研究. 煤炭经济研究,2015(07):80-84.

[22] 王国梁. 巴尔干的"大阿尔巴尼亚":地缘政治关系与演化. 人文地理,2003,18(1):83-86.

[23] 王灏晨,李舒沁. 欧盟对全球化的反思及对我国的启示与影响. 中国物价,2017(10):17-19.

[24] 王洪起. 中国对阿尔巴尼亚的援助. 炎黄春秋,2008(10):47-52.

[25] 王宪举. 阿尔巴尼亚扩大对外贸易和文化交流. 苏联东欧问题,1982(05):32-35.

[26] 吴弦. 欧盟对经济全球化的态度及其内部举措. 欧洲,2000(2):57-65.

[27] 叶皓. 中国与阿尔巴尼亚关系发展历程及其经验教训. 国际问题研究,2014(06):41-50.

[28] 尹产良. 阿尔巴尼亚的节日. 国际论坛,1992(2):42-43.

[29] 章正博. 那些光辉岁月的真实写照:阿尔巴尼亚当代文学览胜. 艺术评论,2009(9):63-70.

[30] 郑春荣. 欧盟逆全球化思潮涌动的原因与表现. 国际展望,2017(1):34-51.

［31］ 郑明贵,袁纬芳. 铝矿资源海外开发战略选区风险评价. 有色金属科学与工程,2015,6(2):116-123.

［32］ 钟飞腾,朴珠华,刘潇萌等. 对外投资新空间:"一带一路"国别投资价值排行榜. 北京:社会科学文化出版社,2015.

［33］ 周晔. 我国自主品牌汽车企业海外目标市场选择研究. 经济理论与经济管理,2013(01):51-59.

［34］ 邹树梁,邱文林,刘文君. 核电项目投资风险评价指标体系构建.中外能源,2013(12):25-29.